Penelope Hobhouse

MEINE SCHÖNSTEN GÄRTEN

Penelope Hobhouse

Meine schönsten Gärten

in Zusammenarbeit mit Simon Johnson

Ellert & Richter Verlag

Die Deutsche Bibliothek – CIP-Einheitsaufnahme

Meine schönsten Gärten / Penelope Hobhouse.
In Zusammenarbeit mit Simon Johnson.
[Übers. aus dem Engl.: Anke Kuhbier]. – Hamburg:
Ellert und Richter, 1998
Einheitssacht.: Garden designs <dt.>
ISBN 3-89234-786-7

Frances Lincoln Limited
4 Torriano Mews, Torriano Avenue
London NW5 2RZ

Titel der Originalausgabe: Penelope Hobhouse's
Garden Designs

Übersetzung aus dem Englischen: Anke Kuhbier, Hamburg
Redaktion: Simone Walper, Hamburg
Umschlaggestaltung: Büro Hartmut Brückner, Bremen
Satz: KCS GmbH, Buchholz/Hamburg
Printed in Hong Kong

SEITE 1 *Die Trauerweide in dem Garten der Pilkingtons (siehe Seite 92) leuchtet hell im Frühling. Eine neue Brücke vor dem Sitzplatz an der Mauer rundet den Entwurf ab und ist Teil eines Spazierwegs. Die Beete sind neu und müssen noch einwachsen.*

TITELSEITE *In einem Garten am Stadtrand von Detroit (siehe Seite 44) beherrschen glasierte Tontöpfe die vier Buchsquadrate. Amsonien* (Amsonia tabernaemontana) *blühen im Frühling hellblau und haben im Herbst goldenes Laub. Durch sie hindurch wachsen im Sommer Lilien der Sorte 'Scarlet Emperor'; später, in zwei anderen Beeten, Montbretien 'Lucifer' mit ihren Iris-artigen Blättern.*

RECHTS *In Bettiscombe (siehe Seite 149) geben Königskerzen dem neuen Kiesbeet Höhe und Struktur. Stauden können in einer Anlage so tonangebend wie große Sträucher sein, obwohl sie nur im Sommer erscheinen. Der Kies wirkt wie eine Mulchschicht; man kann darübergehen, ohne den Boden zu verdichten.*

Inhalt

GEGENÜBERLIEGENDE SEITE *In meinem Garten in Bettiscombe, beschrieben auf den Seiten 148–157, bestimmen Kugelrobinien den Raum in seiner Höhe und wirken wie ein Dach, lassen aber den Blick in die Landschaft zu, in die der Garten eingebettet ist. Sein formaler Entwurf verbirgt sich unter der Fülle von Pflanzen. Lindgrüner Blütenschaum des Frauenmantels verdeckt die Stufen, die zu der niedrigeren Ebene des naturnahen Kiesgartens führen.*

EINLEITUNG

Um dieses Buch zu schreiben, kehrte ich in Gärten zurück, in denen ich seit 1986 gearbeitet hatte. Die beobachteten Veränderungen, die Formulierung meiner Absichten und Grundsätze sowie das Nachdenken über ein Jahrzehnt wechselnder Ansätze und Stilmittel waren eine anregende Erfahrung für mich.

Im Laufe der Zeit hat sich auch meine Arbeitsweise geändert. Während der letzten sechs Jahre habe ich in England und Europa eng mit Simon Johnson zusammengearbeitet und in den USA mit Nan Sinton, einer außergewöhnlichen Gartenfrau. Wir konnten in vielen verschiedenen Ländern mit unterschiedlichem Klima tätig sein und profitierten in den jeweiligen Regionen von der Kenntnis der örtlichen Gartenexperten.

Simon hat ein perfektes Gespür für Raumgestaltung; wahrscheinlich hält er sich konsequenter an Grundsätze. Ich bin älter und weiß, daß auch Abweichungen „gehen“. Wir ergänzen uns gut, da er mich ständig ermahnt, Schlichtheit nicht durch zu viele Pflanzen und komplizierte Kombinationen zu verderben. Und ich erinnere ihn an die Wünsche der Kunden, die wir verwirklichen sollen. Gärten sind eine emotionale Sache, und wir müssen manchmal Zugeständnisse machen, die schwer zu ertragen sind. Aber der Zwang zum Umdenken ist auch ein Lernprozeß. Natürlich führen wir nicht immer ganz getreu die Ideen unserer Kunden aus, sondern wir versuchen sie zu überzeugen: welcher Stil zu ihrem Garten paßt und welche Pflanzen dort gedeihen.

Wir kennen die großen Gartengestalter der Geschichte und haben viele berühmte Gärten besucht; wir beherrschen die Regeln der Kunst. Wir sind erfahrene, fast leidenschaftliche Gärtner und glauben, daß unser Gefühl für Pflanzen uns zu brauchbaren Gestaltern gemacht hat.

Zuerst müssen die Grundlagen eines Plans stimmen: die Proportionen und die Balance. Gärten sind Räume, sie haben ein Volumen, das in einer Beziehung zu ihrer Umgebung steht. Die Konstruktion ergibt sich aus Gebäuden, Mauern, Stufen, Rankgerüsten und Pflanzen. Große Bäume rahmen den Himmel und sind ein Gegengewicht zum Haus; Hecken betonen die Senkrechte und die Waagerechte (und sind Hintergrund für spätere Pflanzungen). Kleine Bäume bilden mit breiten, runden oder kegelförmigen Kronen ein Dach, das die Raumwirkung steigert. Niedrige fortlaufende Hecken fassen Wege, die die unterschiedlichen Gartenbereiche verbinden.

In naturnahen Gärten kommt es vor allem auf die Pflanzen an. Obwohl Proportion und Balance wichtig bleiben, ist der Gartenarchitekt hier weniger Konstrukteur, sondern eher Maler. Es gilt, die planvolle Gestaltung zu verbergen und mit Pflanzen zu komponieren. Das Ergebnis ist jedoch nicht statisch – Gärten sind eine Reihe fortlaufender Bilder, die sich beim Gang durch die Räume erschließen.

Wir passen unseren Entwurf der Stimmung des Ortes und den Bedürfnissen der Besitzer an, und wenn über die Grundstruktur Einigkeit besteht, wird die „Möblierung“ mit Pflanzen angedacht; die Vorlieben der Eigentümer bestimmen größtenteils die Auswahl. Manche Kunden halten unsere Entwurfspläne für Blaupausen und wundern sich, wenn wir beim Pflanzen die Gewächse nach Augenmaß austauschen, um den besten Effekt zu erzielen. Wir erklären ihnen, daß bei der Gartengestaltung die Zeit die vierte Dimension ist; Zeit, in der die Pflanzen wachsen und sich miteinander entwickeln, was auf dem zweidimensionalen Plan nicht erkennbar ist.

Viele nüchterne Dinge müssen bedacht werden. Wir fotografieren, messen aus, erkunden das Klima und analysieren den Boden. Die Vorbereitung des Bodens und das Entfernen dauerhafter Wildkräuter ist wahrscheinlich das Wichtigste, manchmal braucht man sogar neuen Oberboden.

Schließlich sollen Gärten Schatten und Schutz, Duft und Ruhe, besinnliche Sitzplätze und gerade soviel Arbeitsaufwand bedeuten, daß man in ihnen auch Entspannung findet. Sie sollen vor allem Orte der Freude sein.

Gegenüberliegende Seite Hohe Kugelrobinien bilden den Rhythmus der großen Rabatte und verbinden die verschiedenen Farbbereiche. Der Gesamteindruck ist ebenso wichtig wie einzelne Farbkombinationen. Dazwischen stehen etliche Sträucher, so daß die Rabatte auch im Winter, wenn die Stauden heruntergeschnitten sind, noch gestaltet und attraktiv aussieht. In zehn Jahren hat sich die Pflanzung etwas verändert, da Jim Priest kleine Neuerungen vorgenommen hat.

Staudenbeete und ein Schnittblumengarten

Ich wurde 1986 gebeten, unterschiedliche Bereiche des Gartens La Faisanderie in Royaumont im Nord-Osten der Île de France zu gestalten. Es war meine erste große Verpflichtung. Ich hatte Freunde beraten und etliche Kleinaufträge gehabt, aber jetzt wurde es ernst – aufregend, aber auch ein bißchen einschüchternd. Ich hatte keinerlei Erfahrung mit einem Entwurfsbüro und anfänglich auch keine Unterstützung, später allerdings einen Studenten, Philip Gamble vom Cannington (Garten-) College in Somerset, der mir beim Zeichnen half. Ich wußte noch nicht einmal, wieviel ich berechnen konnte.

Bekannt gemacht bei der Familie, der der Garten gehörte, hatte mich ein alter Freund, der Maler Derek Hill, der ihnen mein Buch „Farbe im Garten" gezeigt hatte. Es war eine großartige Chance, und durch die Vermittlung der Familie öffneten sich viele Türen für mich, sowohl für Gestaltungen als auch für Vorträge.

Zu den Gärten in Royaumont gehörten auch ein Rhododendrongehölz, mehrere Hecken (besonders eine imposante Eibenhecke, die den Garten nach Westen hin abschließt), ein Pool in der Mitte einer Rasenfläche, ein feuchtes, dunkles Waldstück und ein Gemüsegarten. Alles verlangte eine Auffrischung; die große Rabatte war leergeräumt und für eine neue Bepflanzung vorbereitet.

Den Auftraggeber interessierte meine Farbgestaltung, und er hatte selbst klare Vorstellungen. Ursprünglich sollte ich einige Gartenräume in der vorhandenen Anlage gestalten, ohne grundsätzliche Änderungen vorzunehmen – am Ende habe ich überall auf dem Grundstück etwas gemacht. Er wünschte sich eine große, 3 Meter breite Rabatte vor der 75 Meter langen Eibenhecke, die von Nord nach Süd verläuft, sichtbar aus den nach Süden gerichteten Fenstern des Hauses. Beim Pool sollte ein blau-weißes Beet mit silbernem Blattwerk das Gehölz und die Rhododendronanlage miteinander verbinden. Im Nord-Westen des Hauses wurden eine Allee, ein Wegekreuz aus Spalieräpfeln, ein Kräutergarten und ein Bereich für Schnittblumen, einschließlich Rosen (für das Haus und die Wohnung in Paris) gewünscht.

In Royaumont besteht der Boden aus sandigem Lehm mit einem pH-Wert von 7,3 bis 7,9. Jeden Herbst muß viel Kompost und Laubhumus eingearbeitet werden, damit er besser die Feuchtigkeit hält. Die Rhododendren bekommen jedes Jahr zusätzlich „sauren" Kompost. Obwohl der Boden in Royaumont durchlässig ist, sind rundherum Feuchtgebiete, und gelegentlich überschwemmt der Fluß im Winter den Garten. Die Temperaturen fallen in der Île de France bis zu minus 30 °C (auch wenn die letzten Winter deutlich milder waren). Der Frühling bricht sehr plötzlich herein, und das Thermometer steigt bis zu 25 °C, begleitet von strengen Nachtfrösten – sehr gefährlich für Neupflanzungen und knospende Blätter von Funkien, Rodgersien und Germer. Das Auspflanzen der Einjährigen und der frostempfindlichen Stauden, die wie Einjährige gehalten werden, geschieht erst Mitte Mai, nachdem sie sorgfältig abgehärtet wurden. Die letzten Sommer waren sehr heiß, deshalb wurden Zweijährige nicht im Juni/Juli draußen ausgesät, sondern später, und in Glaskästen überwintert.

Zu Beginn meiner Arbeit in Royaumont gab es einen alten Gärtner, der kurz vor seiner Pensionierung stand. Er arbeitete unermüdlich auf eine zeitlose, traditionelle Art (er verriet mir sein Geheimnis für ein Warm-Beet). Wir fingen früh an, gegen 7 Uhr (im Hochsommer um 6 Uhr), mit einer langen Mittagszeit, aber ohne die englischen Tee-Pausen. Nach ein paar Monaten, als der alte Gärtner aufhörte, fanden wir Jim Priest, damals noch Student in den Royal Botanic Gardens in Kew. Ohne seine Kenntnisse und seinen Stil wäre mein Entwurf niemals verwirklicht und entwickelt worden. Jim hat seitdem auch eigene Ideen eingebracht und andere Gartenteile gestaltet.

Ich fand 1985 viele gute Pflanzen vor, aber die Anlage war planlos und unbedacht

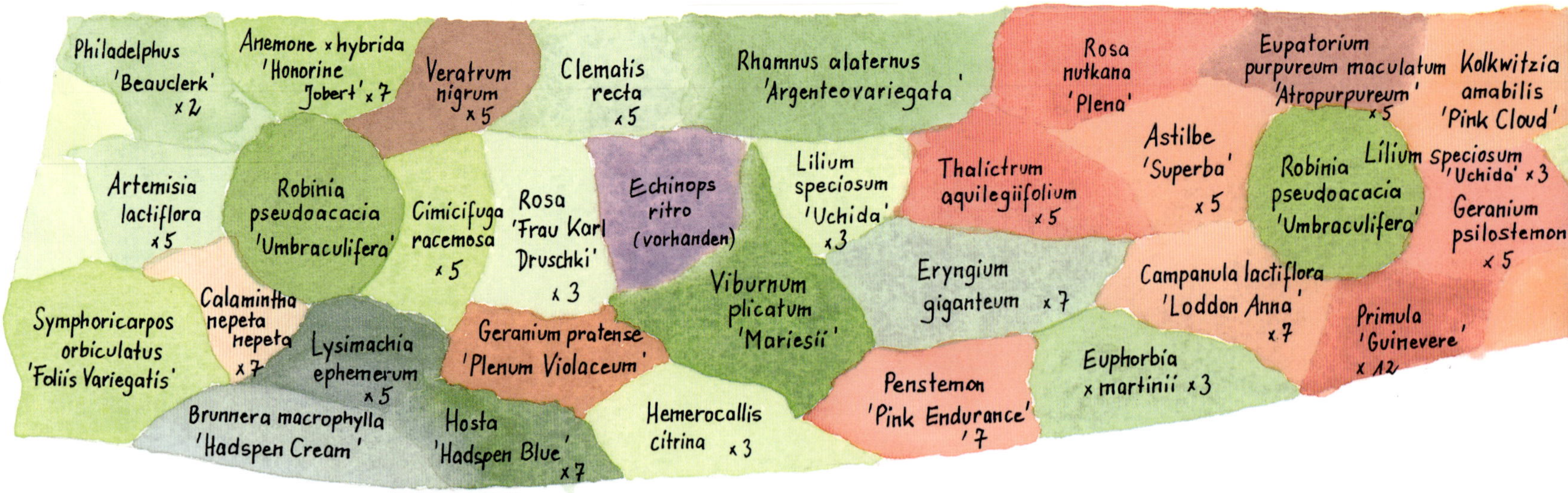

Rosa moyesii *'Geranium'*

kombiniert. Erstaunlich waren die vielen weißen Fleißigen Lieschen, die sehr wirkungsvoll unter Magnolien und anderen ausladenden Büschen gepflanzt waren. Überall zogen Funkienhorste der panaschierten Art (*Hosta undulata*) die Blicke auf sich. Meine Idee war es, alle zusammen in ein rundes Beet zu setzen (damals noch ein unattraktives flaches Wasserbecken), das sich im Gehölz befand und wo dann die weiß-grünen Blätter im Schatten leuchten würden. Der Eingangsbereich war langweilig; ihm fehlte eine in Szene gesetzte Auffahrt. Aus diesem Grund pflanzten wir eine Hainbuchenhecke, die tunnelartig zu dem sonnigen Garten vor dem Haus führen sollte.

Dies war meine erste große Arbeit, und ich war sowohl sparsam – indem ich die Funkien wiederverwendete – als auch davon überzeugt, junges Material verwenden zu sollen, statt – für eine Sofortwirkung – ausgewachsene Pflanzen. Mein Vorschlag waren kleine Buchenschößlinge, die nicht einmal einen Meter hoch waren, da ich wußte, daß sie sehr schnell wachsen. Viele Kunden können zweidimensionale Pläne schlecht „lesen", für die Pflanzung aber ist es sehr wichtig, sich die veränderlichen Größen der Gewächse vor Augen zu führen.

Wenn Bäume und Hecken klein gepflanzt werden, erscheinen sie neben großen Stauden zwergenhaft, und man braucht viel Phantasie, um sich den Endzustand des Gartens vorzustellen. Der Gartenarchitekt begleitet lediglich auf dem Weg zu dem gemeinsamen Ziel, und es ist seine Aufgabe, die Wünsche der Eigentümer zu wecken und sie dann so schnell wie möglich auszuführen. Zum Glück bestellte der Besitzer große Buchen für die Auffahrt in Royaumont, und ich lernte den Wert dieser Sofortwirkung zu schätzen.

Die Eibenhecke war ein hervorragender Hintergrund für die große Staudenrabatte, die man das ganze Jahr über vom Haus aus sehen konnte. Das Beet war vorbereitet – leicht geschwungen, mal mehr, mal weniger breit, aber nicht „onduliert", wie es Gertrude Jekyll verächtlich nannte –, und ich empfahl eine Abfolge verschiedener Farbthemen. Für das nördliche Ende beim Haus wählten wir Rosa und klares Rot als Haupttöne vor glänzenden Akanthus-Blättern: Rosen, Kolkwitzien, den zarten Schneeball *Viburnum sargentii* 'Onondaga', meinen

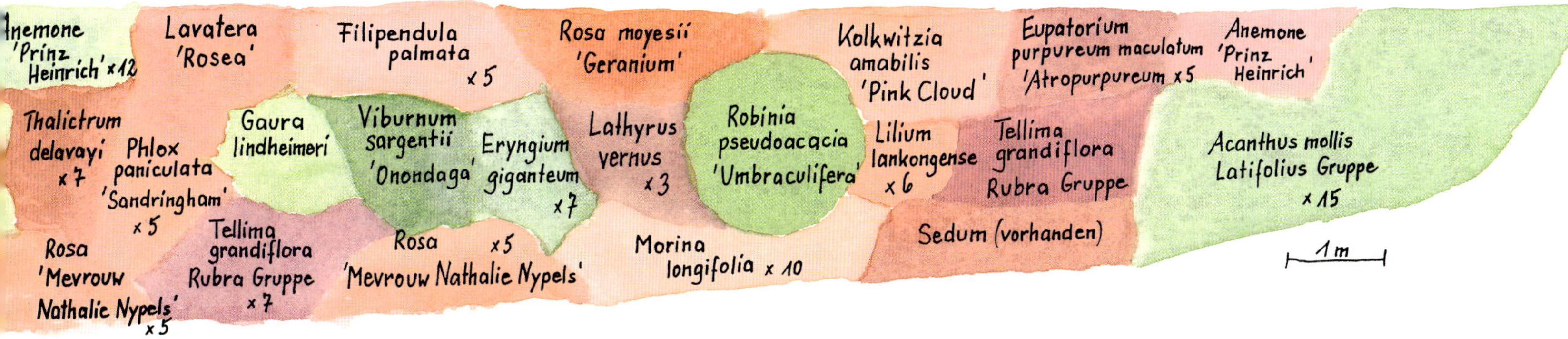

Die große Rabatte

Lieblingsdost mit dunkelroten Stielen, rosa Lilienhorste – gefolgt von Herbstanemonen. Die Sträucher blühen vom Frühling bis zum Spätsommer. Es folgt ein nächster Abschnitt in Weiß und Cremegelb, mit etwas panaschiertem Laub, und als Belebung die aprikosenfarbene Strauchrose 'Buff Beauty'. Weiter südlich verwendeten wir die Komplementärfarben Blau und Gelb, die immer gut zusammen aussehen: Präriekerze, Storchschnabel, Glockenblume, gelbe Schafgarbe und den lieblichen Frauenmantel. Den krönenden Abschluß bilden vier Kugelrobinien (*Robinia pseudoacacia* 'Umbraculifera'), die in gleichmäßigem Abstand der Rabatte eine senkrechte Betonung und einen gewissen Rhythmus verleihen und – vor allem – durch diese formale Sprache das Ganze zusammenhalten. Die Bäume wurden als 1,7 Meter Hochstamm von einer holländischen Baumschule geliefert.

Der Garten neben dem Swimmingpool war schwieriger. Eigentlich war er als Sommergarten geplant, lag aber nach Norden. Hier mußte ein strukturelles Element, wie zum Beispiel eine Hecke, den Garten von dem Wäldchen trennen.

Oben *Schwarzer Germer* (Veratrum nigrum)
Unten *Wiesenraute* (Thalictrum aquilegifolium)

Oben *Lilie* (Lilium lankongense)
Unten Morina longifolia

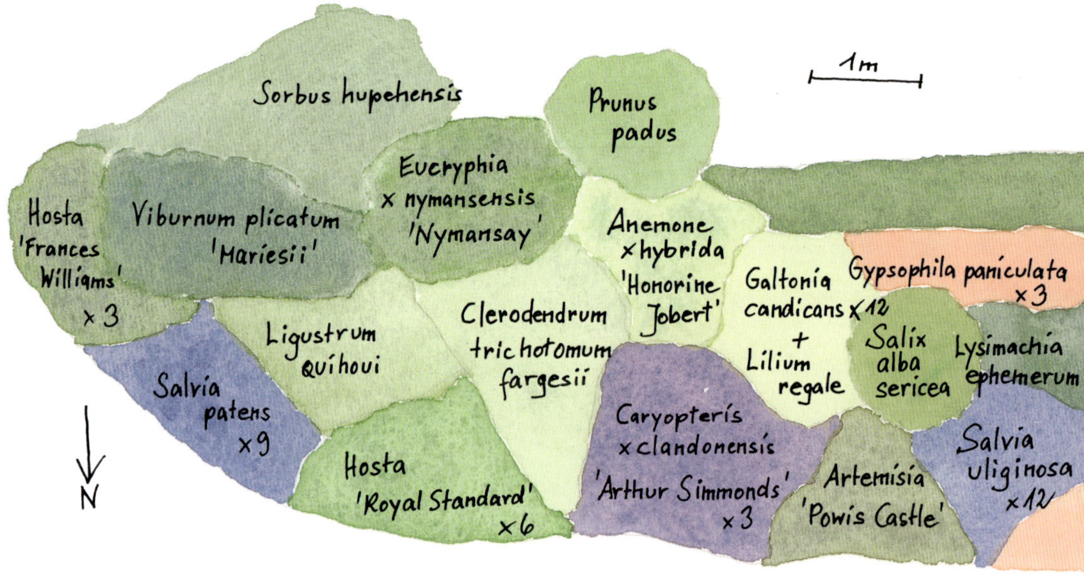

Oben *Salbei* (Salvia patens)

Unten *Wermut* (Artemisia ludoviciana)

Unten *Funkie* (Hosta sieboldiana *'Frances Williams'*)

Ich schlug als Begrenzung Sanddorn *(Hippophae rhamnoides)* vor, – hoch, mit dunklem Holz, silbernem Laub und orangefarbenen Beeren im Herbst. Ansonsten bestimmten die Farben – Blau, Weiß und Silber – und der Duft die Auswahl. Um eine auffällige Wirkung zu erzielen, mußte ich wegen der gelegentlichen Überschwemmungen Pflanzen verwenden, die leicht zu ersetzen sind: Bartblumen, blauen Salbei, graulaubigen Wermut, Königslilien, blaue und weiße Schmucklilien. Das Rückgrat dieser Pflanzung bilden hohe Weiden und ein Losbaum (*Clerodendrum trichotomum* var. *fargesii*), der besonders im Spätsommer seinen Duft verströmt, zusammen mit schattenverträglichen Hortensien (*Hydrangea arborescens* – meine Lieblingshortensie) und an beiden Enden Funkien mit blaugrünem Laub. Klematis und eine weiße Staudenwicke sollten durch die Sanddornhecke ranken.

Im nord-westlichen Garten planten wir eine neue Ost-West-Allee, den „Long Walk". Der Blick wurde später verbessert, indem in ein Wäldchen eine Achse geschlagen wurde. Dadurch konnte man über einen Flußlauf hinweg in das Land schauen, und gleichzeitig war ein Rahmen für eine Statue geschaffen worden. Seitlich wuchs Spalierobst, unterbrochen von Gitterobelisken, an denen duftendes Jelänger-Jelieber rankte. Auf den Beeten darunter blühten hauptsächlich Einjährige: Salbei (*Salvia pa-*

Rechts *Wenn sich die Sonne neigt, wirkt die blaugraue Rabatte fast durchsichtig, verstärkt durch den tiefen Schatten. Im Spätsommer werden die blauen und weißen Agapanthus, blaue Salvien –* Salvia patens *und, weiter hinten,* Salvia uliginosa *– durch die kräftigen, leicht grünstichigen Blüten der Hortensie aufgewertet. Miss Jekyll hat einmal gesagt: „Ein blauer Garten muß nicht nur blaue Blumen haben, er muß vor allem schön sein." Sie pflanzte oft Königslilien, um grundsätzlich blauen Kompositionen Leuchtkraft zu geben. Gut vorbereiteter Boden und der Eintrag von Kies und Kompost haben die Entwässerung für einige dieser Pflanzen verbessert, die in Royaumont etwas gefährdet sind.*

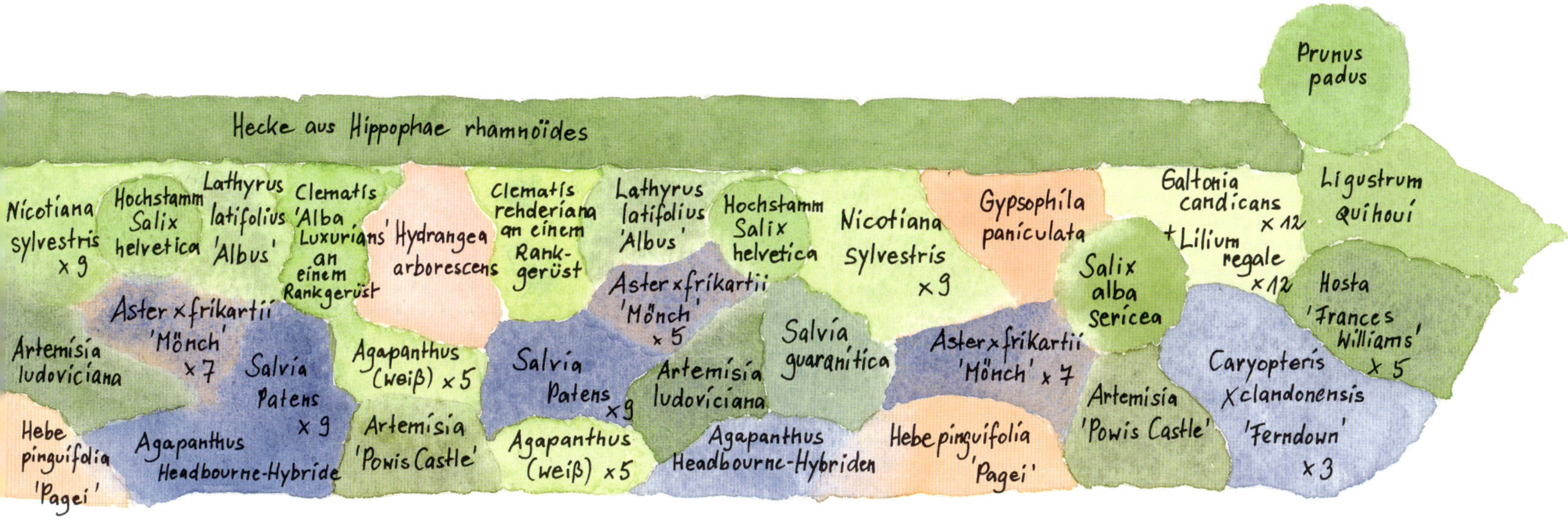
Hecke aus Hippophae rhamnoïdes
Prunus padus
Nicotiana sylvestris x 9
Hochstamm Salix helvetica
Lathyrus latifolius 'Albus'
Clematis 'Alba Luxurians' an einem Rankgerüst
Hydrangea arborescens
Clematis rehderiana an einem Rank-gerüst
Lathyrus latifolius 'Albus'
Hochstamm Salix helvetica
Nicotiana sylvestris x 9
Gypsophila paniculata
Galtonia candicans x 12
+ Lilium regale x 12
Ligustrum quihoui
Salix alba sericea
Hosta 'Frances Williams' x 5
Aster x frikartii 'Mönch' x 7
Artemisia ludoviciana
Salvia patens x 9
Agapanthus (weiß) x 5
Salvia patens x 9
Aster x frikartii 'Mönch' x 5
Artemisia ludoviciana
Salvia guaranitica
Aster x frikartii 'Mönch' x 7
Artemisia 'Powis Castle'
Caryopteris x clandonensis 'Ferndown' x 3
Hebe pinguifolia 'Pagei'
Agapanthus Headbourne-Hybride
Artemisia 'Powis Castle'
Agapanthus (weiß) x 5
Agapanthus Headbourne-Hybriden
Hebe pinguifolia 'Pagei'

tens und *S. viridis*), Tabakpflanzen (*Nicotiana sylvestris* und die zarten *N. langsdorffii*), Margeriten (*Argyranthemum frutescens* 'Jamaica Primrose') und andere. Im Laufe der Jahre hat Jim Priest Neues hinzugefügt. Ursprünglich hatte ich diesen Teil des Gartens als Schnittblumenbereich geplant. Jetzt ist er ein vielbewunderter Schaugarten.

Weitere Gartenteile lagen nördlich vor den alten Anzuchtskästen. Dort empfahl ich viele Beete mit Schnittblumen, einen gepflasterten Rosengarten mit einer duftenden Nelkenumrandung und in der Mitte eine Laube; außerdem einen von Katzenminze (*Nepeta* x *faassenii*) umgebenen Kräutergarten. An zeltförmigen Weidengerüsten wachsen Duftwicken, und am Fluß setzten wir neben einen Zierapfel (*Malus hupehensis*) eine Gruppe von drei Maulbeerbäumen. In Royaumont bestimmen große Bäume und rauschende Pappeln den ländlichen Charakter des Gartens.

Links *Eine Nahaufnahme der Spalieräpfel im „Long Walk". Die Bäume werden zweimal jährlich geschnitten, wenig im Sommer und kräftiger im Winter. Sowohl niedriges Spalierobst, mit jeweils nur einem seitlichen Ast, als auch hohes, mit zwei oder drei Etagen, eignet sich gut als Gartenteiler. Im Gegensatz zu dichten Hecken kann man durch sie hindurchschauen.*

Rechts *Die Bepflanzung der sich kreuzenden Spalierobst-Allee ist auf den vier Ecken fast spiegelgleich. Silberner Wermut, Verbenen und Salbei wiederholen sich zwischen den formalen Obstbaumreihen und dem Rhythmus der Rankobelisken. Die scharfgeschnittenen Rasenkanten verstärken den manikürten Eindruck.*

Vorhergehende Doppelseite *Im Schnittblumengarten wirken die üppigen Einjährigen hinter den Obstbäumen und den Jelänger-Jelieber-Säulen wie eine bunte Wiese. Sie sind zwar für die Vase gedacht, es gibt aber genug, so daß dieser Teil bis zum Ende der Saison gut aussieht. Goldgelbe Ringelblumen, orangefarbene Sonnenblumen und einjähriger Sonnenhut mischen sich mit grau-lila Verbenen und dunkelroten Malven* (Malva sylvestris).

GEGENÜBERLIEGENDE SEITE *Aus einem Fenster im ersten Stock des Hauses sieht man die Moschata-Rosen 'Penelope' und 'Buff Beauty' in ihrer ganzen Pracht, davor die kleinere Floribunda-Rose 'Mevrouw Nathalie Nypels'. Wenn sie sorgfältig geputzt wird, blüht diese Rose mit ihrem glänzenden, bronzefarbenen Austrieb viele Wochen lang. Die Macphersons pflanzten die kleine Buchshecke.*

PFLANZPLÄNE FÜR EIN SCHMALES GRUNDSTÜCK

OBEN *Sträucher und Kletterpflanzen verdecken wirkungsvoll das Nachbarhaus. In diesem geschützten Londoner Garten bringt die Säckelblume (*Ceanothus *'Cascade') an ihren schwingenden Zweigen eine Unmenge blauer Blüten hervor. Die Topfpflanzen ergänzen den Gartenplan um eine weitere Dimension.*

Meine Arbeit für die Macphersons am Campden Hill Square Nr. 28 begann 1986. Das Haus wurde noch renoviert. Damals hatte ich kein richtiges Büro, aber ich konnte mit dem Architekten Christopher Smallwood zusammenarbeiten, der die technischen Zeichnungen für das Pflaster, die Mauern und die Treppen sowie das Verlegemuster anfertigte.

Das Grundstück war lang und schmal und stieg zum Ende nach Süden ziemlich steil an. Die neuen Häuser im Hintergrund wurden durch einen dominanten Trompetenbaum verdeckt. An den Seiten standen Mauern, die nicht sehr hoch waren, aber als Stütze für Kletterpflanzen doch einen gewissen Schutz boten. An der Seite des Hauses gab es einen Zugang zum Garten und am anderen Ende eine Pforte.

Der Entwurf des neuen Gartens war schlicht. Es wurden drei verschiedene horizontale Ebenen geschaffen, verbunden durch eine Mittelachse aus Ziegelsteintreppen. Der Plan begann mit einer Weite am Haus, wurde schmal und öffnete sich zum Ende hin. So wirkt der Garten größer, als er wirklich ist. Die Terrasse vor der Küche und dem Eßzimmer war zum Sitzen und für dekorative Töpfe gedacht. Im Laufe der Zeit haben Macphersons etliche Kübelpflanzen hinzugefügt.

Auf der Terrasse wurden, wie auch in der Küche, Terrakottafliesen verlegt. Aber Ziegelsteine, passend zur vorhandenen Mauer, lenken den Blick an das Ende des Gartens. Von dem Sitzplatz wandert das Auge über fünf flache Stufen zu einem reich bepflanzten Absatz: Wermut, Katzenminze und Verbenen säumen den Weg. Weitere Stufen führen zu einem offenen, runden Rasen, an dessen Ende, leicht erhöht, eine ornamentale Pflanzschale als Blickpunkt steht: umgeben von Immergrün und beschirmt durch den Trompetenbaum. Die rechteckigen Rankgitter auf den Mauern bieten Höhe und Schutz; an ihnen wachsen Kletterpflanzen und Sträucher.

Von Anfang an beeindruckte mich der schlichte, klassische Stil von Hilary und Donald Macpherson. Sie wünschten sich einen gemütlichen Garten für sich und ihre Gäste; er sollte ihrem täglichen Leben dienen. Auf die Pflanzenauswahl legten sie großen Wert. Der Höhepunkt sollte im Sommer sein, die Farben eher Pastell – rosa Rosen wie 'Mevrouw Nathalie Nypels' zwischen silbernem Laub – anstatt schrillem Rot oder Orange.

Ich hatte den Eindruck, daß man sich um den Garten kümmern würde und er im Laufe der Zeit noch schöner werden könnte, und ich behielt Recht. Es ist wie ein Alptraum, wenn man dem Garten keine Zukunft geben zu können glaubt. Aber zehn Jahre später und nach vielen Veränderungen durch die Macphersons war er in tadel-

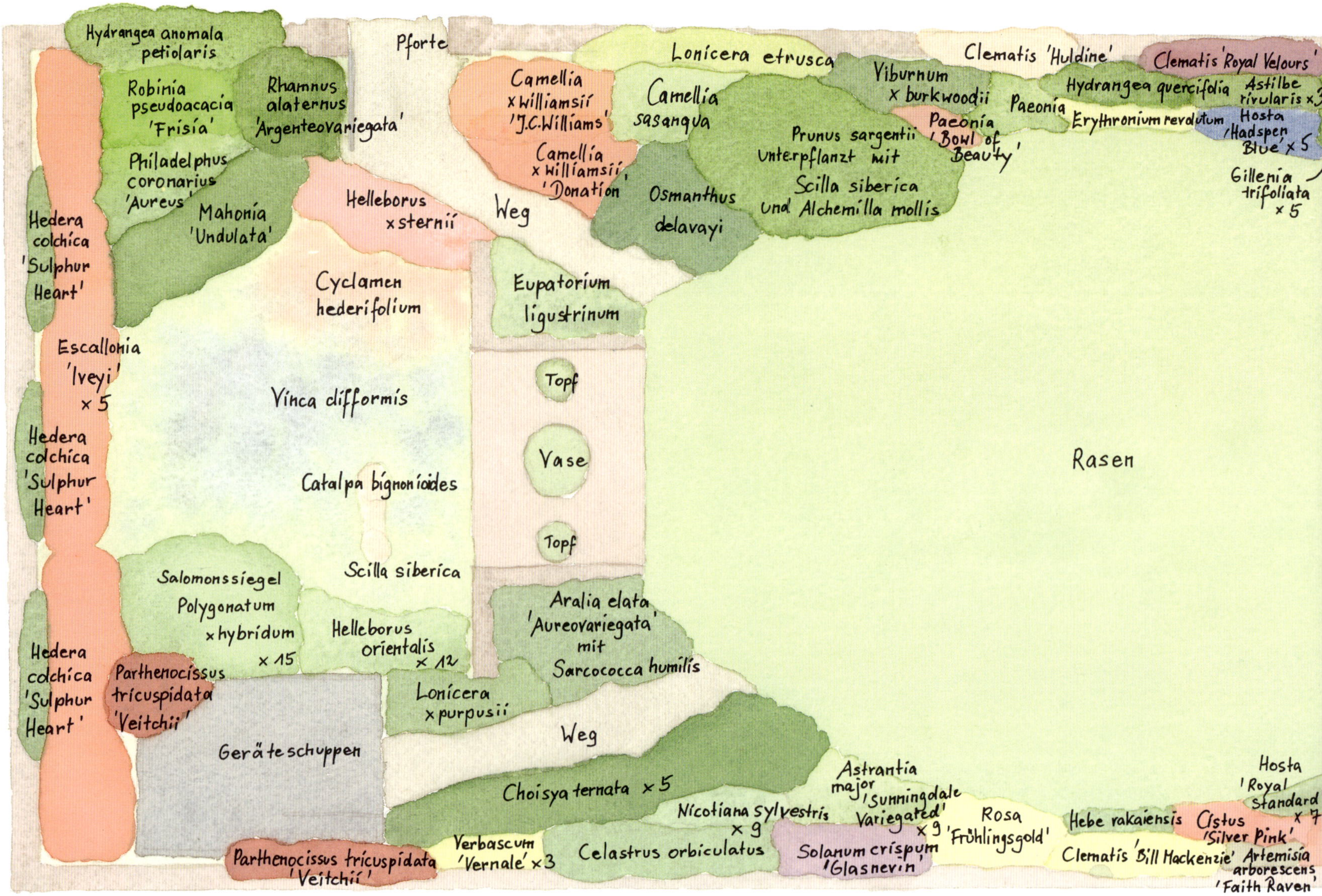

losem Zustand. Natürlich mußten einige der kleinen Bäume oder größeren Sträucher entfernt oder stark beschnitten werden, aber im Grundsatz war es noch der Garten, den ich 1986 gestaltet hatte, und Erinnerungen an den Originalentwurf wurden wach.

Nachdem über die Grundzüge Einigkeit herrschte, brauchten nur noch die Details ausgeführt und der Pflanzplan erstellt zu werden. Der Garten – 30 Meter lang und 7 Meter breit in Nord-Süd-Richtung – wurde so geplant, daß im Verlauf der Jahreszeiten immer irgendein Strauch oder eine Kletterpflanze blühen sollte. Diese machten durch ihre Dichte an und auf den Mauern das Grundstück zu einem verwunschenen Ort. Dank des Londoner Kleinklimas konnten allerlei dekorative, empfindliche Immergrüne gepflanzt werden. Rosen, Stauden und Einjährige – Tabakpflanzen folgten den Tulpen – brachten vom Frühjahr bis zum Herbst Farbe in die Rabatten.

Eine 'New Dawn' Rose an einem der Rankgitter blüht zweimal im Jahr. Daneben, am Haus, schäumt die blaue Säckelblume 'Cascade' im Frühjahr, und ihr immergrünes Laub schirmt von den Nachbarn ab. Eine in Pyramidenform geschnittene Winterrinde (*Drimys winteri*) aus Ozeanien profitiert von den schützenden Mauern und dem Stadtklima. Die Blüten im Mai sind elfenbeinweiß und duftend. Nach der Winterrinde entfaltet Anfang Juni eine rosa Kolkwitzie (*K. amabilis* 'Pink Cloud') ihre Pracht. Die waagerechten Zweige eines Hartriegels (*Cornus alternifolia* 'Argentea') bilden mit ihren silbrig-panaschierten Blättern ein strukturgeben-

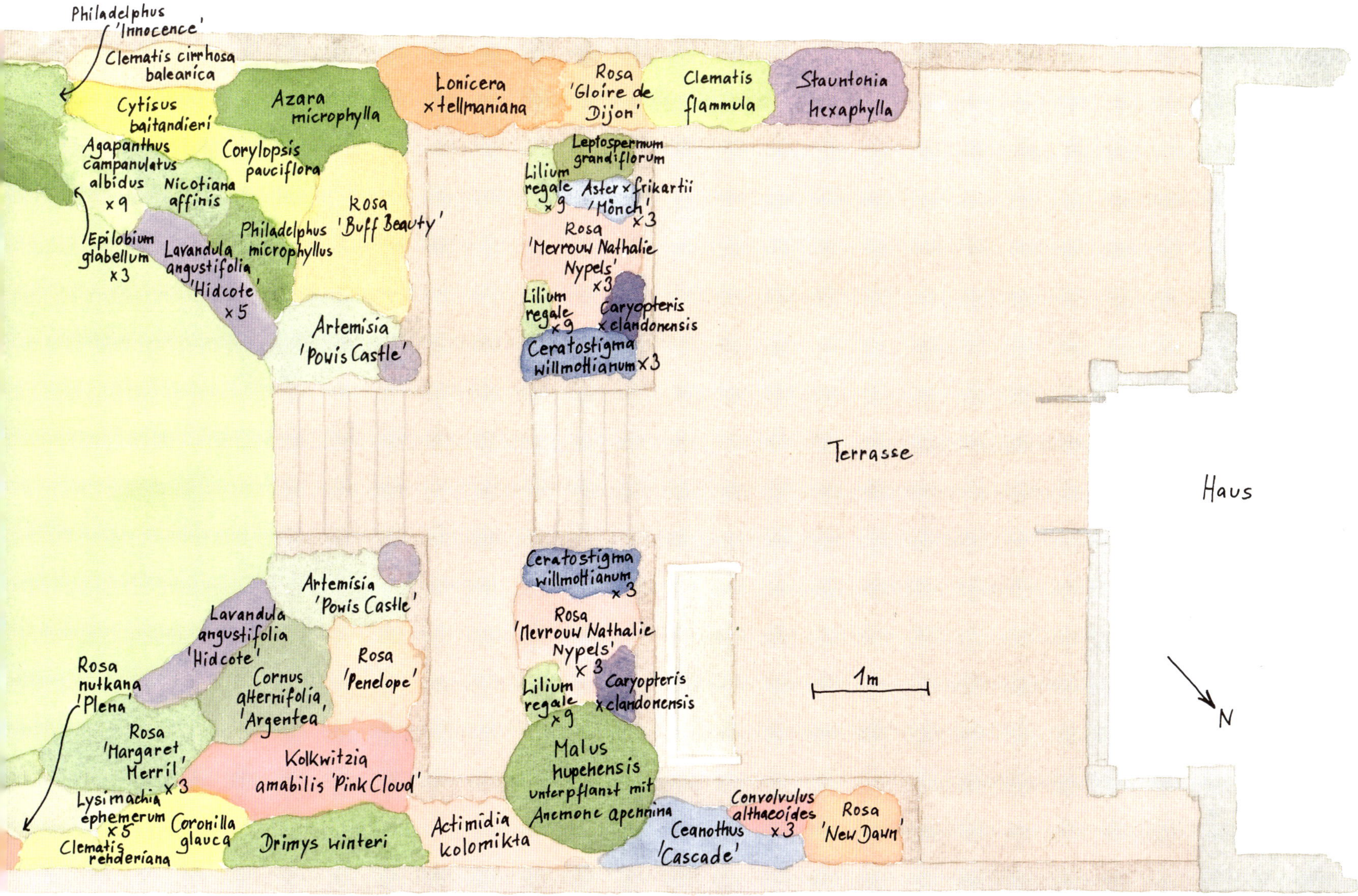

des Element. Viele Wochen lang blüht ein blauer Nachtschatten (*Solanum crispum* 'Glasnevin') über den glänzenden Blättern einer üppigen Orangenblume und verdeckt die Nachbargebäude am Ende des Gartens. Die spätblühende gelbe Klematis 'Bill MacKenzie' webt sich durch andere Kletterpflanzen an den Treillagen.

Auf der gegenüberliegenden Seite, der Morgensonne zugewandt, sind die Nachmittage schattig. Hier pflanzte ich neben das Haus eine duftende *Stauntonia hexaphylla* mit großen, ledrigen Blättern und weißen Blütentrauben, die violett gerandet sind. Etwas weiter wächst die elegante *Azara microphylla* mit kleinen Dolden tiefgelber Blüten im Frühjahr, die nach Vanille duften; daneben ein Marokkanischer Ginster (*Cytisus battandieri*), der im Juni gelbe, nach Ananas duftende Blütenähren hervorbringt; sein Laub erinnert an Goldregen. Jelänger-Jelieber und Klematis ranken an dieser nach Osten ausgerichteten Mauer. An ihrem äußersten Ende steht eine Gruppe Kamelien. Leider ist ihr Standort nicht sehr günstig gewählt, da gelegentlich die Morgensonne nach einem Frost die Knospen zerstört.

Da die Beete am Ende sehr viel breiter werden, um den Rasen zu rahmen, ist die Bepflanzung weniger bunt: hauptsächlich Grün und Weiß, mit zarten Farbtupfern. Ein Teppich blauer Scilla blüht um Christrosen und Sterndolden herum. Unter den Zweigen des Trompetenbaums muß das winterblühende Immergrün sorgsam zurückgeschnitten werden, damit im Herbst Platz für die rosa Alpenveilchen (*Cyclamen hederifolium*) ist.

Ein Garten mit blumengeschmückter Pergola

Oben *Der Blick aus dem Wohnzimmer fällt auf einen ehrwürdigen Apfelbaum, der den Abschluß von zwei Rosenhecken bildet, und auf den entfernten Waldrand. Links ist eine Kolkwitzie* (Kolkwitzia amabilis) *zu sehen, die am Ende der Pergola blüht.*

Rechts *Der Blick durch die Pergola zum Haus, das von den Blüten und herabhängenden Rosen fast verdeckt wird. Links die Kolkwitzie.*

Der Garten des Ehepaars Land war eine meiner ersten Arbeiten, und als ich 1996 zurückkam, war es neun Jahre her, daß ich ihn gesehen hatte. Gillian ist Choreographin, Peter ist Tänzer, und ihre künstlerischen Berufe prägen Haus und Garten: ein alter Stall wurde zum Beispiel zu einem Übungsraum mit Schwimmbad umgebaut. Es war spannend, die Veränderungen zu sehen. Die dichte Eibenhecke, 1987 gepflanzt, bildete ein starkes architektonisches Element; die Rosen und Jelänger-Jelieber fielen üppig über die Pergola; die Pflanzen des Staudenbeets schäumten über ihre Begrenzung. Es schien alles gereift zu sein.

Ich war damals aufgefordert worden, an der Restauration dieses Gloucestershire-Gartens mitzuwirken, nachdem ich mich

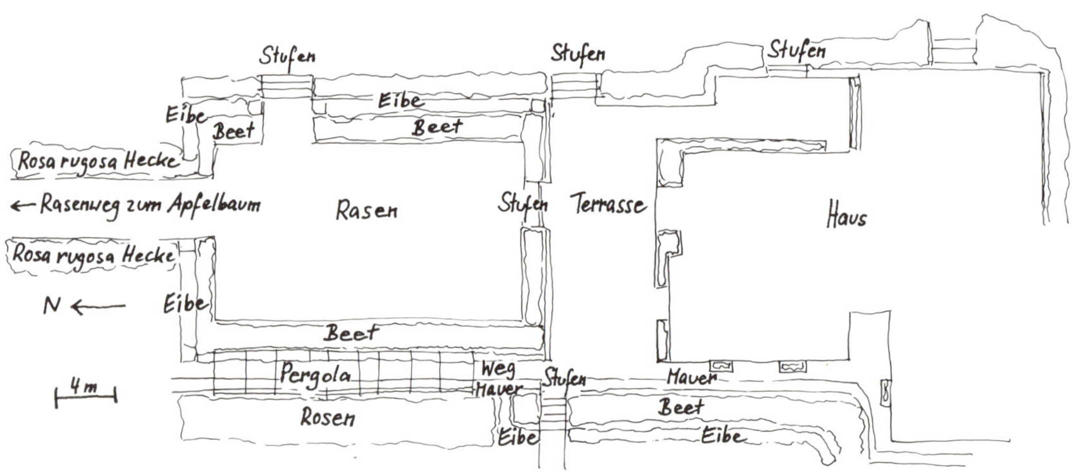

als Garten-Designerin selbständig gemacht hatte. Mein Buch „Farbe im Garten“, das 1985 erschienen war, hatte wohl den Ausschlag für diesen Auftrag gegeben. Dieses Buch war der Wendepunkt in meinem Leben. Mit ihm begann meine Karriere als Autorin und Gestalterin. Was für eine glückliche Entwicklung!

Das Cotswold-Haus aus dem 17. Jahrhundert mit einem mittelalterlichen Kern wird von einem Waldhang fast umschlossen, und man hat einen wunderbaren Blick in das ländliche Tal. Von den Vorbesitzern liebevoll gehegt und mit vielen interessanten Gehölzen bepflanzt, brauchte der Garten keine Radikalkur. Er war lediglich zugewuchert und mußte ein wenig verjüngt werden. Wie so oft, hatten die Bäume und Büsche die Beete überwachsen und mußten ausgedünnt oder entfernt werden, um für die Blumen Platz zu machen.

Das Haus liegt fast am Fuße eines Abhangs. Es ist umgeben von unterschiedlichen Ebenen und Terrassen; Steilwände und Reste einer Mauer schützen die Rückseite vor dem Berg. Ich sollte vornehmlich Blumenbeete auf verschiedenen Stufen vor dem Haus gestalten. Auf einer höheren Ebene plante ich eine breite Pergola, um das Wohngebäude optisch zu verlängern, darunter einen Stauden-„Absatz“. Am südlichen Ende des Rasens sollte ein Weg durch eine *Rosa-rugosa*-Hecke zu einem alten Apfelbaum führen, den man nur durch

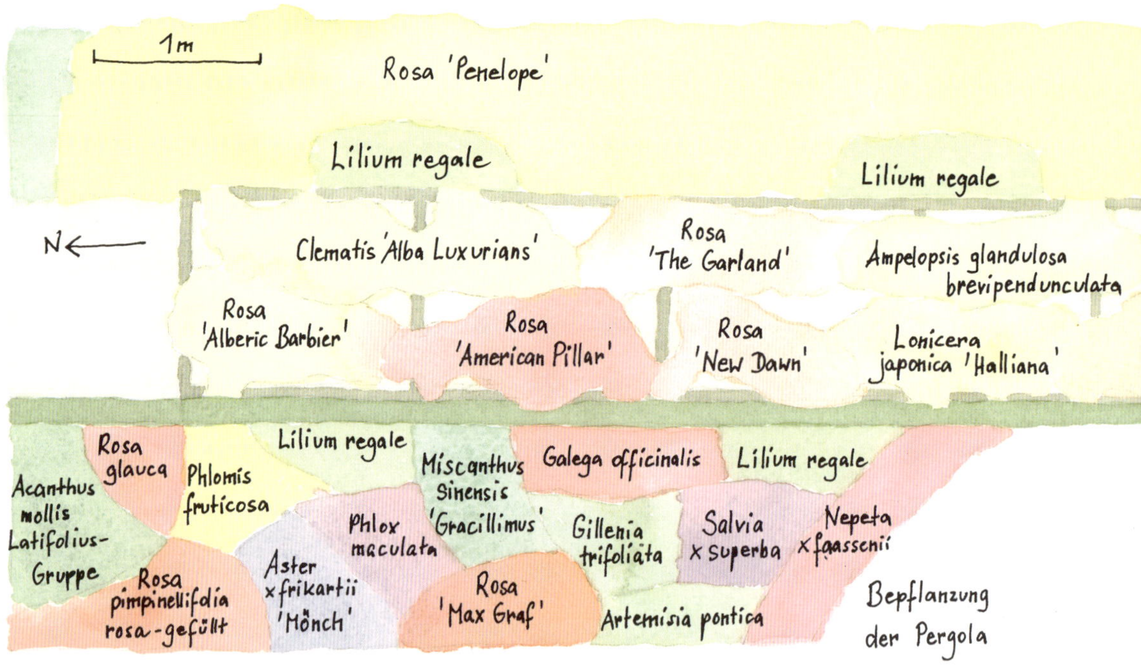

Rechts *Etwas höher gelegen als die Pergola brillieren Moschata-Hybrid-Rosen zweimal im Jahr; sie werden von Päonien begleitet: Altmodische Bauernrosen* (Paeonia officinalis) *beugen sich über die Mauer, und vorne blühen – etwas später als die Rosen – Züchtungen von* Paeonia lactiflora: *'White Wings', 'Bowl of Beauty' und die duftende 'Duchesse de Nemours'. Im Spätsommer sind die blaublühenden Büsche der Bartblume* (Caryopteris *x* clandonensis) *an der Reihe.*

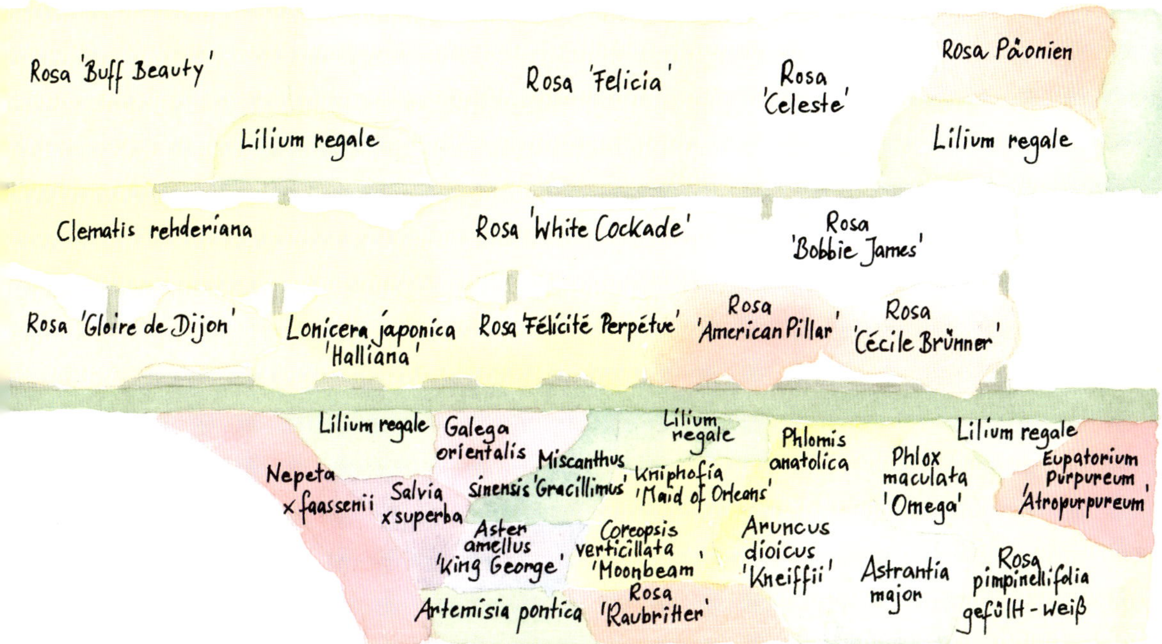

eine Öffnung in einer doppelten Eibenhecke erspähen konnte.

Zuerst wurde, entlang einem vorhandenen Weg im rechten Winkel zum Haus und der großen Südterrasse, die Pergola gebaut. Erreichbar über eine steile Treppe, die auch zu dem höher gelegenen wilderen Garten führt, bietet sie Platz für eine Staudenrabatte und ein Rasenstück, das eine Erweiterung der unteren Terrasse darstellt.

Die ursprünglichen Ebenen und Stufen wurden so weit wie möglich erhalten – ebenso alte Felsenmispeln, die zum Stil der Anlage paßten –, aber wir pflanzten auch viel Neues. Die Terrasse wurde mit Lavendel umrandet, und die Rabatten am Haus und auf den umliegenden Stufen wurden verbreitert, um eine üppigere Bepflanzung zu ermöglichen. Jetzt rahmen elegante Orangenblumen die Eingangstreppe, und Myrten, Zickzacksträucher, Brandkraut, Säckelblumen, Abelien, ein immergrüner Schneeball und *Piptanthus nepalensis* (einer meiner Favoriten für geschützte Plätze) ergänzen meine Planung. In der Rabatte am Hang unterhalb der Pergola, zum Teil von Katzenminze umrandet, wachsen großblättriger Bärenklau, Strauchrosen, rote Fackellilien, Sterndolden, Lilien und blaue Herbstastern (*Aster amellus* 'King George' und *A.* x *frikartii* 'Mönch'). Darüber, hinter der Pergola, ergänzen Päonien im Frühjahr, Rosen im Sommer und blaue Bartblumen im Herbst die Gartenpracht.

Links *Einladend ist dieser Weg vom schattigen Ende der Pergola zum Haus. Über die Jahre hat sich der Frauenmantel* (Alchemilla mollis) *im Kies selbst ausgesät, aber durch den geschnittenen Buchs, die Mauern und Stufen bleibt die Struktur der Anlage sichtbar erhalten.*

GEGENÜBERLIEGENDE SEITE *Vom hinteren Teil des Hauses gelangt man an einem Birnbaum vorbei zum mittleren Raum des Gartens. Trotz des überwiegenden Schattens wirkt die Anlage frisch durch das gefilterte Licht und die kühle Farbwahl – fast alle Blumen sind weiß. Das ganze Jahr über gibt es goldenes und immergrünes Blattwerk.*

EIN STADTGARTEN MIT VERSCHIEDENEN RÄUMEN

OBEN *Neben einer eleganten Bank wachsen in üppigem Landhausstil Fingerhut, Wolfsmilch* (Euphorbia characias *ssp.* wulfenii) *und das einjährige Schmuckkörbchen. Die Höhe von Fingerhut und Neuseeländer Hanf wird durch kugelige Pflanzen ausgeglichen. Manche Lücke ist durch sich selbstaussäende Blumen gefüllt, und so wirkt der Garten locker und romantisch.*

Nicholas und Susannah Horten-Fawkes zogen 1986 nach Islington im Norden von London. Ich hatte ihnen schon bei ihrer Gartengestaltung in Yorkshire geholfen, und sie baten mich nun erneut um meine Hilfe. Ihr Londoner Garten war ein typischer Stadtgarten, 14 Meter lang und 4 Meter breit, von Ost nach West verlaufend. Am östlichen Ende, direkt hinter dem Haus, wirft ein großer alter Birnbaum seinen Schatten, ebenso wie im Norden die Bäume aus den Nachbargärten. Das Grundstück ist so schmal, daß jede Grenzbepflanzung, die ein bißchen Sichtschutz bringen soll, die Beschattung nur verstärkt.

Wir verständigten uns schnell auf das Grundmuster, da sowohl Nicholas als auch Susannah erfahrene Gärtner sind: Der Garten sollte durch Hecken und kräftige Büsche in einzelne Räume unterteilt werden. Entlang dem nach Norden schauenden Randbeet mußte ein Weg führen, der die verschiedenen „Zimmer“ miteinander verband und den Blick über den Garten ermöglichte. Eine einfache, aber dichte Grenzbepflanzung sollte eine gewisse Privatsphäre schaffen. Der Plan war klassisch, und die Gestaltung erwies sich als richtig.

Für den Weg, die Plätze zwischen den Beeten und den Sitzplatz am hinteren Ende des Gartens nahm ich Ziegelsteine. Mit den Pflanzen gab es im Laufe der Zeit Probleme. Mein Entwurf enthielt einfache Gewächse, die mehr nach Duft und Form ausgesucht waren als nach Farbenpracht: zitronengelbe Wolfsmilch im Frühling; blaue Katzenminze, weißer Falscher Jasmin und cremefarbene Rosen für den Juni; violetter Lavendel und blaue Schmucklilien im Spätsommer. Bei den frühjahrsblühenden Sträuchern sollte der stark duftende Schneeball (*Viburnum carlesii*) als Hochstamm zu einer lockeren Hecke gepflanzt werden, darunter 'Margaret Merril' Rosen. Leider konnten wir sie in dem Jahr nicht bekommen und nahmen statt dessen Lorbeerbäumchen, dadurch wurde es bald zu schattig für die Rosen.

In der Sonne, am Rand des Birnbaums, wurden in ein quadratisches Buchsbeet (*Buxus sempervirens* 'Suffruticosa') schwarze Tulpen, nachtblaue Violen und schwarzblättriger Schlangenbart (*Ophiopogon planiscapus* 'Nigrescens') zusammen mit hohen weißen Tabakpflanzen (*Nicotiana sylvestris*) gepflanzt. Dieser Bereich verschattete in zunehmendem Maße, und nun wachsen dort in einem Kiesbeet Funkien und Farne. Unter den Birnbaum, in ein von höherem Buchs (*B. sempervirens* 'Handsworthiensis') umrandetes Beet, setzten wir Christrosen, *Smyrnium perfoliatum* und Sarcococcas für Winterduft. Das Randbeet bekam Blattpflanzen, wie Funkien, Krötenlilien (*Tricyrtis formosana*), Salomonssiegel, Hundszahn und die spätblü-

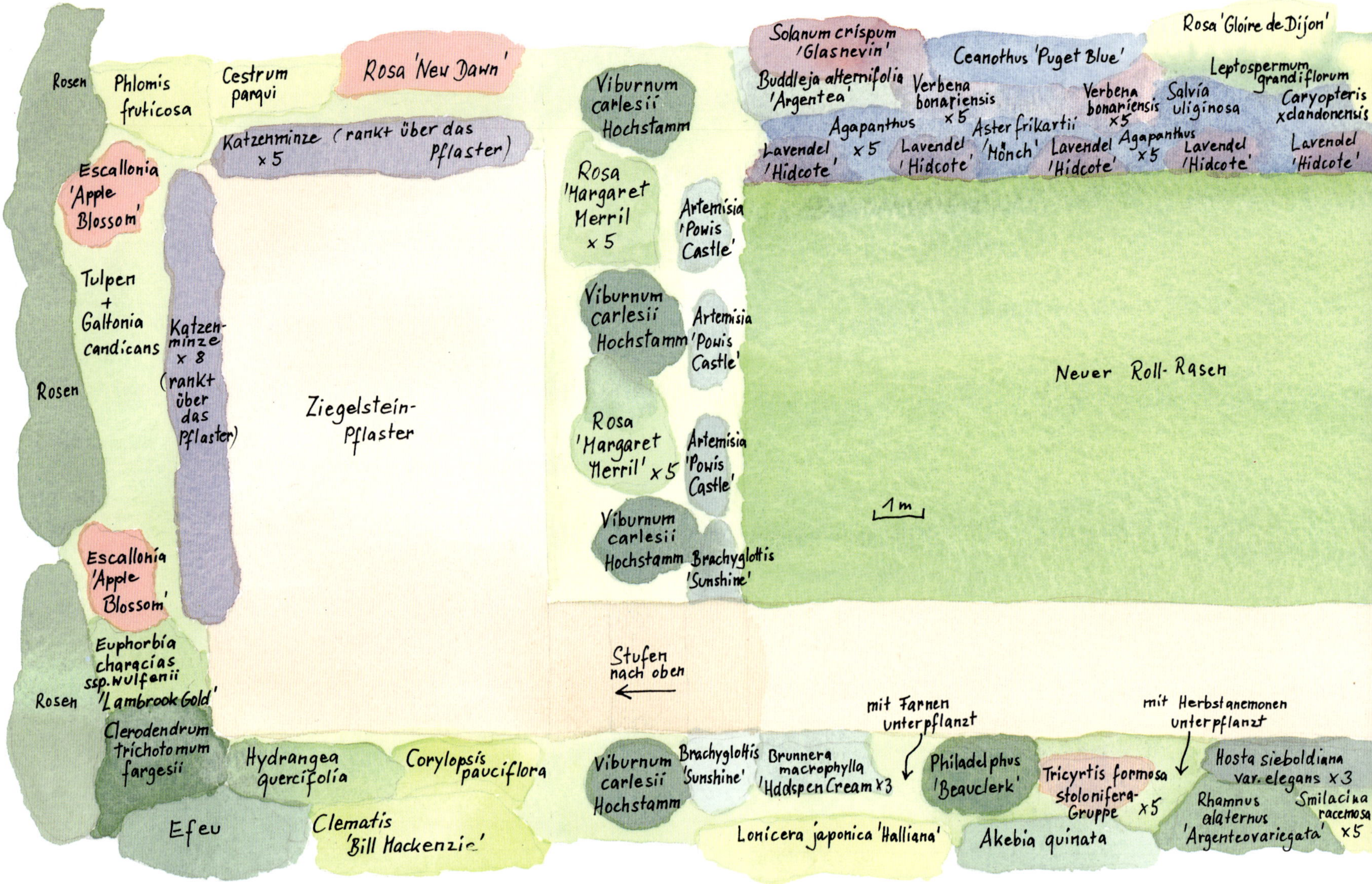

hende *Aster divaricatus*, umrahmt von Falschem Jasmin und einem hohen 'John Downie' Zierapfel.

Trotz des Schattens wollten die Horton-Fawkeses gerne einen Rasen – ein grünes Zentrum des Lichts. Der Rasen wurde angelegt, aber schon nach einem Jahr sah er so armselig aus, daß er entfernt und durch eine Ziegelpflasterung, wie in den anderen Bereichen auch, ersetzt wurde.

Während der Gesamtentwurf eine Zusammenarbeit von Susannah und mir war, stammte der Pflanzplan ausschließlich von mir. Er basierte auf Blumen, die Susannah mochte und die in ihrem Yorkshire-Garten der Kälte nicht standgehalten hatten, mit denen man es aber in dem milden Stadtklima versuchen konnte. Was wir dabei nicht bedachten, war der hohe Pflegeaufwand eines Londoner Stadtgartens. Die von mir ausgewählten Pflanzen sind normalerweise kräftig und gesund in einer offenen Lage; in der abgeschlossenen städtischen Atmosphäre mußten sie dauernd – fast täglich – versorgt werden. Ein üblicher Gartenpflegedienst war eine gewisse Hilfe, aber das ständige Sprühen gegen weiße Fliegen, Mehltau und schwarze Läuse war nicht möglich. Deshalb hat Susannah über die Jahre viele dieser krankheitsanfälligen Pflanzen durch Funkien und Farne ersetzt, die toleranter auf diese Umgebung reagieren.

Dadurch hat sich zwar das Grundgerüst des ursprünglichen Plans nicht verändert, aber die Bepflanzung ist eine gänzlich andere geworden. Der Garten ist nun eine grüne Oase mit verstreuten, hauptsächlich weißen Blumen – am reizvollsten im Abendlicht. Versteckt, intim und unaufdringlich ist er von klarer Schönheit.

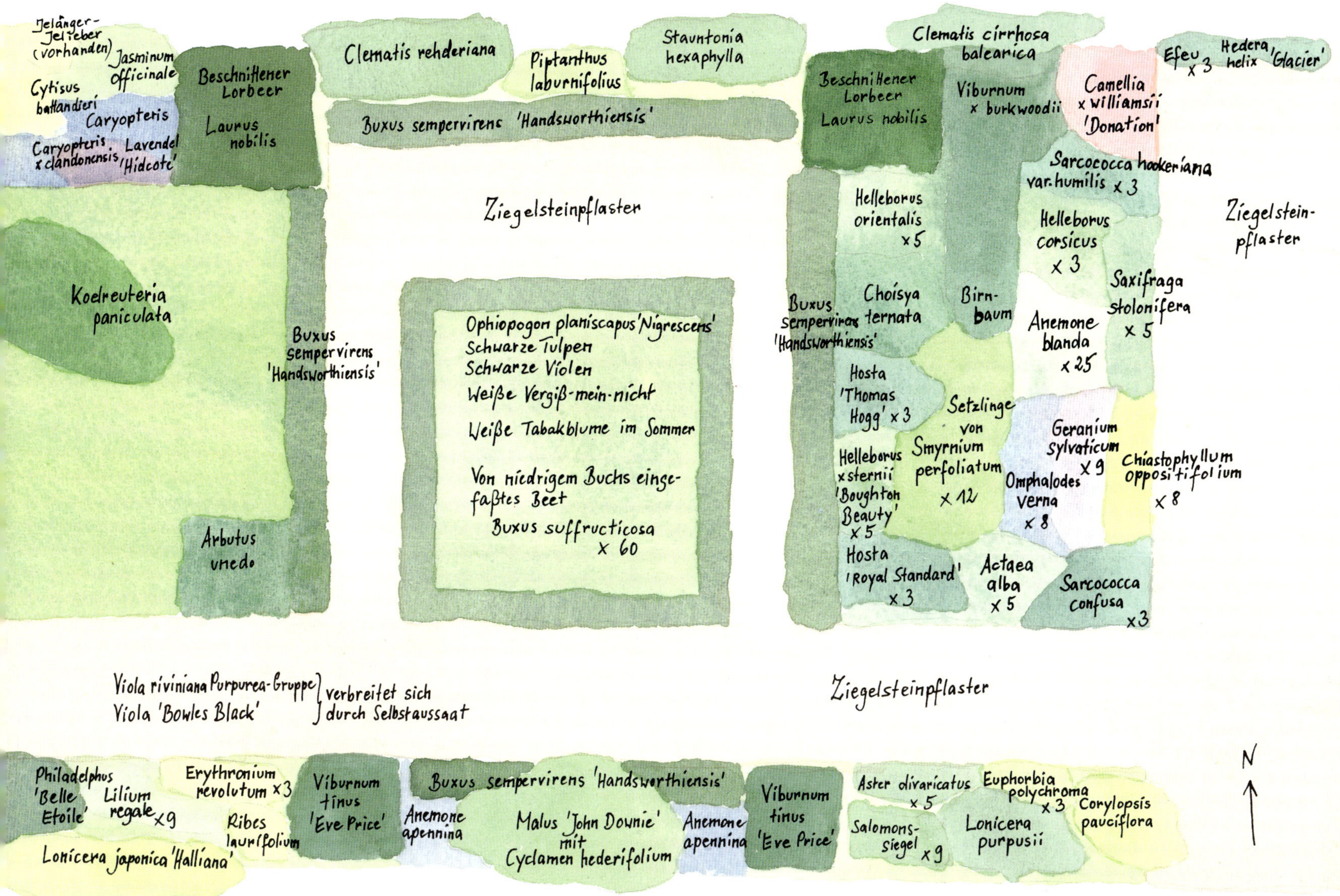

LINKS *Ein Storchschnabel* (Geranium *x* magnificum) *und ein selbstausgesäter Fingerhut wachsen durch das Gitter einer der eleganten Bänke im hinteren Gartenraum.*

RECHTS *Die Kletterrose 'New Dawn' hüllt fast eine andere Metallbank im hinteren Gartenzimmer ein. Bänke, auch wenn sie selten benutzt werden, sind Endpunkte für Blickachsen und Ruhepunkte fürs Auge.*

Ein Blick auf den hinteren Teil des Gartens, wo Brachyglottis, *Schmuckkörbchen und Herbstanemonen dicht an dicht unter den Lorbeerbäumen stehen. Die warme, unbewegte Londoner Stadtluft in diesem kleinen Garten begünstigt viele Schädlinge, und man muß gut aufpassen und ständig „putzen": Heruntergefallenes Laub muß weggeharkt, verblühte Blumen und Blätter müssen entfernt werden. Die vielen Büsche verlangen einen jährlichen Rückschnitt, manchmal sogar zwei – die immergrünen im Frühjahr und die laubabwerfenden im Winter.*

Der Blick zurück zum Haus: Die Lorbeerbäume rahmen den mittleren Gartenraum. Dieser Bereich ist nun gepflastert, da ein Rasen in dem vorherrschenden Schatten nicht gedeihen wollte. Am Haus quillt die üppige Bepflanzung – wahrscheinlich schon im ursprünglichen Entwurf zu dicht geplant – über die Grenzen der Beete. Farne und andere schattenverträgliche Stauden haben viele der ersten Pflanzen ersetzt. In dem nun eigentlich „grünen" Garten leuchten die weißen Blumen sanft im Abendlicht.

Ein schattiger Garten in Paris

Ich bekam 1987 den Auftrag für die Gestaltung eines Gartens in der Rue de Bellechasse in Paris. In der Nähe des linken Seine-Ufers, des Invalidendoms und des Musée d'Orsay gelegen, war das Grundstück verhältnismäßig groß: 33 x 23 Meter, also eine spannende Aufgabe. Bei meinem ersten Besuch sah ich nur die Probleme: große Kastanien und andere Bäume, die alles verschatteten und dem ohnehin schlechten Boden die Feuchtigkeit nahmen, und die tristen Mauern, die den Blick von der Terrasse auf den (noch zu gestaltenden) Garten beherrschten. Mit dem Schatten haben wir uns abgefunden, weil die Bäume eine gute Balance zum Haus sind und die Sicht auf ein schlichtes Gebäude verdecken (mit Sicherheit hätte die Stadt auch keine Genehmigung zum Fällen erteilt, aber vorsichtiges Beschneiden und Ausdünnen ist erlaubt). Die nackten Wände wurden mit anspruchsvollem Stuck verfeinert, und zwischen den Fenstern zogen wir Blauregen hoch, der sich allmählich ausbreiten und die Mauer des Nachbargebäudes verschönern wird. Die leicht kalkhaltige Erde ist schrittweise verbessert und gehaltvoller gemacht worden.

Tatsächlich bedauere ich im nachhinein aber die Entscheidung in bezug auf den Boden. Wir hatten überlegt, einen neuen Oberboden aufzubringen, aber damals schienen mir die Kosten nicht gerechtfertigt. Das war ein Fehler, den ich nicht wieder machen werde. Grundsätzlich sollte man die zur Verfügung stehenden Mittel für guten Boden ausgeben, auch wenn das unter Umständen zu Einschränkungen bei Gestaltungselementen und Pflanzen führt.

Oben *Ein Blick über die Terrasse zum Nachbargebäude. Der Blauregen beginnt sich an der Mauer auszubreiten.*

Rechts *Der Birnen-Weg von der Terrasse zu einer Statue, die vor einer immergrünen Magnolie steht. In den Beeten, ursprünglich mit Katzenminze und Rosen 'Mevrouw Nathalie Nypels' bepflanzt, wachsen jetzt hauptsächlich weißblühende, pflegeleichtere Pflanzen wie zum Beispiel Sommerhyazinthen* (Galtonia candicans).

In diesem Fall war es eine dumme und unnötige Sparsamkeit; der Boden wird nie so sein, wie es wünschenswert wäre.

Der Garten ist fast quadratisch, und es stand von vornherein fest, daß in der Mitte eine Rasenfläche sein sollte – ein lichter, grüner Mittelpunkt im Herzen der Stadt. Deshalb wurde die übrige Gestaltung darum herum arrangiert. Im schattigen Bereich, wo auch kein Gras wachsen würde, planten wir einen Gehölzgarten. Kieswege, gefaßt von Granitsteinen und niedrigem Buchs (*Buxus sempervirens* 'Handsworthiensis'), ergeben einen Rundweg und kreuzen sich vor dem „Wäldchen". In der Nord-West-Ecke, schräg gegenüber der Terrasse, wurde aus einer ehemaligen Garage ein kleines Gästehaus. Dafür brauchte man einen eigenen, aber passenden Gartenraum. Hier findet man jetzt zwei Ornamentbeete, bepflanzt mit Herbstzeitlosen und einer Buchshecke mit geschnittenen Halbkugeln an den Ecken (Kopien aus Caponi, Italien).

Der Terrasse, belegt mit alten Kalksandsteinplatten, geben kugelig geschnittene Lorbeerbäume etwas Sichtschutz und grünes Laub im Winter. Blauregen und zarte Kletterpflanzen mit duftenden Blüten, wie Sternjasmin (*Trachelospermum jasminoides*), ranken an der Hauswand. Vom Ende der Terrasse führt ein gerader Weg, gesäumt von Zierbirnen (*Pyrus calleryana* 'Chanticleer') in von Buchs gefaßten Beeten, zu einer Statue vor einer immergrünen Magnolie.

LINKS OBEN *Der Rasen und die schattige Ecke vor dem Gästehaus*

LINKS *Beschnittene Hecken und Bäume bestimmen das Bild des Gartens. Gras, Buchs und die Lorbeer- und Birnbäume haben unterschiedliche Grünfärbungen, die sich im Laufe des Jahres und nach dem Schnitt verändern.*

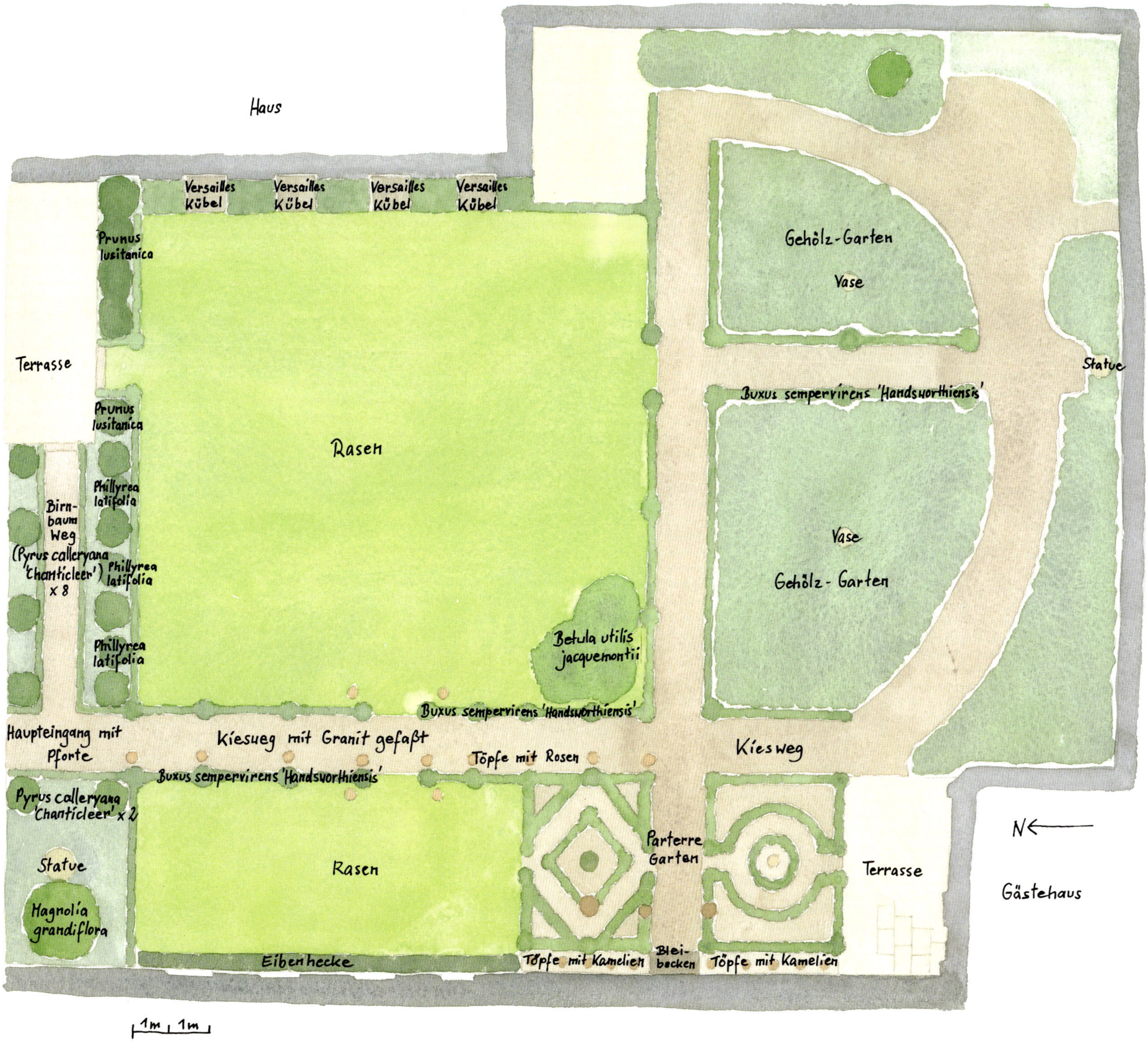
Haus
Versailles Kübel
Versailles Kübel
Versailles Kübel
Versailles Kübel
Prunus lusitanica
Terrasse
Prunus lusitanica
Rasen
Phillyrea latifolia
Birnbaum Weg (Pyrus calleryana 'Chanticleer') x 8
Phillyrea latifolia
Phillyrea latifolia
Betula utilis jacquemontii
Buxus sempervirens 'Handsworthiensis'
Gehölz-Garten
Vase
Statue
Buxus sempervirens 'Handsworthiensis'
Vase
Gehölz-Garten
Haupteingang mit Pforte
Kiesweg mit Granit gefaßt
Töpfe mit Rosen
Kiesweg
Buxus sempervirens 'Handsworthiensis'
Pyrus calleryana 'Chanticleer' x 2
Statue
Magnolia grandiflora
Rasen
Parterre Garten
Terrasse
N
Gästehaus
Eibenhecke
Töpfe mit Kamelien
Bleibecken
Töpfe mit Kamelien
1m 1m

Unter den Fenstern des Hauses stehen speziell gefertigte Versailles-Pflanzkästen, in denen im Frühjahr weiße Tulpen und im Sommer weiße Geranien blühen. Dazwischen stehen Buchsbaum-„Würfel".

Um eine Grenze zwischen dem Rasen und dem Gehölzgarten zu markieren, pflanzte ich eine lockere Orangenblumen-Hecke (*Choisya ternata*) um die Bäume. In der Mitte führt ein Weg, begleitet von Eichenblatt-Hortensien und Zierbrombeeren, durch das Gehölz zu einer Statue, die von Büschen umgeben und mit Funkien unterpflanzt ist. Etwas weiter wird ein Gartenschuppen von einer geflochtenen Laube verdeckt.

Kletterhortensien und Efeu bedecken die schattigen Mauern, während winterblühende, duftende *Sarcococca*-Büsche zusammen mit Seidelbaststräuchern (*Daphne odora* 'Aureomarginata' und *D. pontica*) das Gästehaus umgeben; aber nicht alle Pflanzen blühen zuverlässig in dem dichten Schatten. Winterblühender Schneeball (*Viburnum tinus*) und das duftende Jelänger-Jelieber (*Lonicera* x *purpusii*) sind eine sichere Wahl; viele andere schattenverträgliche Stauden und Büsche haben wir ausprobiert. Es wurden etliche Sträucher mit glänzendem Laub gepflanzt, als Ersatz für die fehlenden Blüten. Das Blattwerk von *Sarcococca*, Lorbeer (*Danae racemosa*), vielen *Osmanthus* und vor allem von Orangenblumen leuchtet das ganze Jahr. Auch gelbes Laub wurde verwendet, um Farbe zu spenden: Goldener Liguster, Spindelstrauch (*Euonymus japonicus*), Falscher Jasmin (*Philadelphus coronarius* 'Aureus') und Blasenspiere (*Physocarpus opulifolius* 'Luteus'). Beim Gästehaus und neben der Laube sorgen zwei silbrig-panaschierte Kreuzdornbüsche (*Rhamnus alaternus* 'Argenteovariegata') für etwas Licht.

Unter die Büsche pflanzten wir schattenverträgliche Stauden und Alpenveilchen. Weiße Herbstanemonen (*Anemone* x *hybrida* 'Honorine Jobert'), Haselwurz (*Asarum europaeum*) mit seinen glänzenden Blättern, Frauenmantel, Farne (auch der silbrige *Athyrium niponicum* var. *pictum*), leuchtend blauer Lerchensporn (*Corydalis flexuosa*), Funkien (einige panaschiert) und Schaumblüte (*Tiarella cordifolia*) haben sich alle bewährt.

Paris hat wegen seiner dichten Bebauung und der vielen Menschen ein milderes Klima, als ich erwartet hatte. Der Garten bekam eine automatische Bewässerung, die allerdings nicht immer funktioniert. Aber während die Sträucher – gut gewässert und gedüngt – gesund und kräftig sind, kann man in den dunklen Ecken für eine entsprechende Blüte nicht immer garantieren. Die Kletterrose an der Laube kämpft sich noch immer vergeblich ans Licht, um zu blühen.

Der Garten ist trotz der anfänglichen Schwierigkeiten sehr gelungen, obwohl die Besitzer sich mehr Blumen und Farbe wünschen und wir nun eine ornamentale Rabatte vor dem Nachbargebäude ins Auge fassen. Wie alle guten Gärten, wird auch dieser niemals fertig sein.

Links oben *Die Laube im Gehölz ist eine Mischung aus einem viktorianischen Sitzplatz in Tatton Park, Cheshire, und den Rankbögen in Villandry, Frankreich. Der blau-graue Anstrich wiederholt die Farbe der Funkien. Ein zarter Duft von Lilien und Funkienblüten liegt über dieser abgelegenen Sitzecke.*

Links *Wenn sie feucht genug steht, blüht die Eichenblatt-Hortensie* (Hydrangea quercifolia) *auch im dichten Schatten des Gehölzgartens.*

Oben *Hortensie* (Hydrangea aspera *ssp.* sargentiana)

Oben *Schneeball* (Viburnum plicatum *'Mariesii'*)
Unten *Christrose* (Helleborus orientalis)

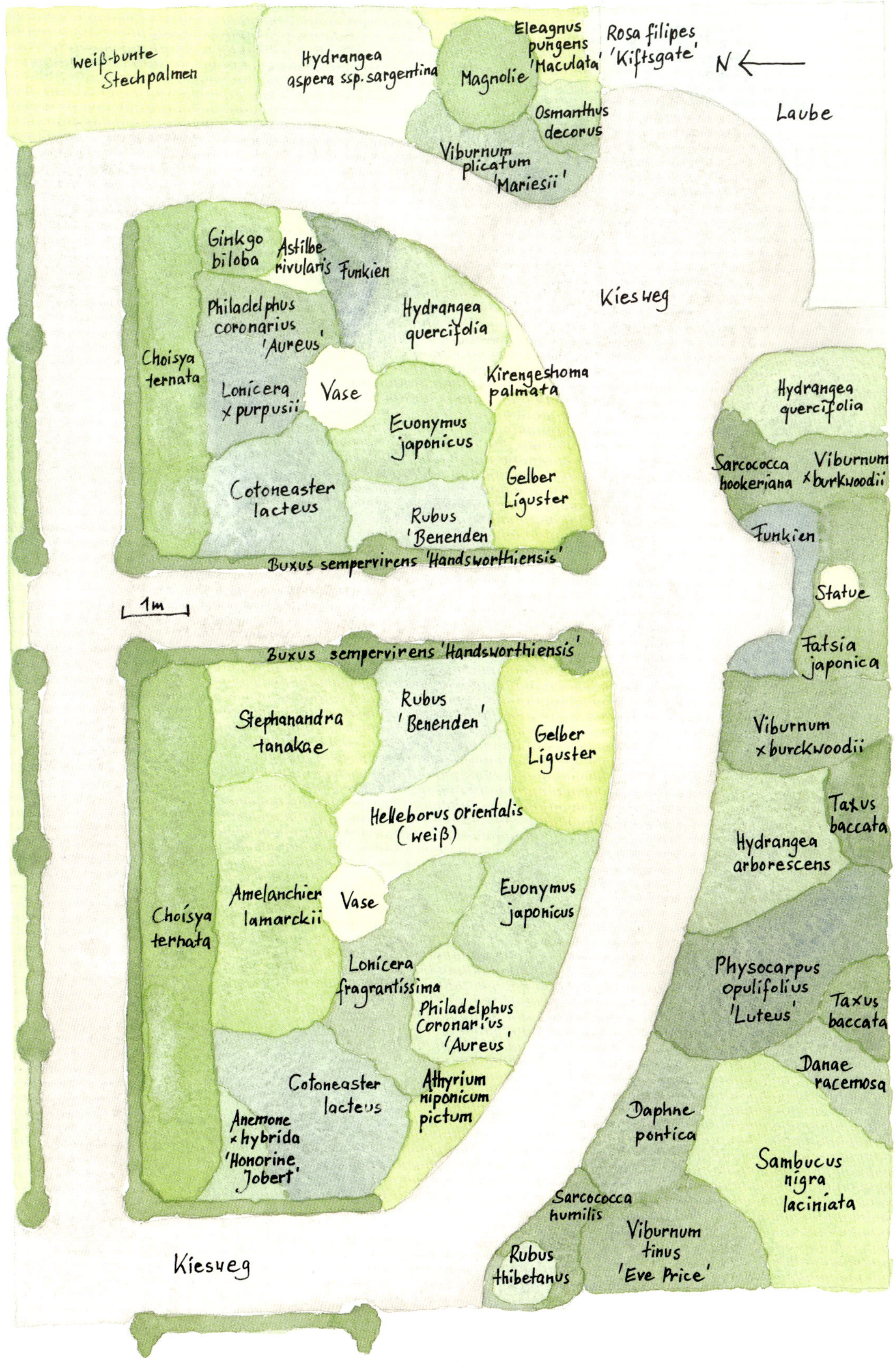

Ein Insel-garten im Wind

Gegenüberliegende Seite *Von der Spitze des Ben Oronsay zeigt sich der Garten wie eine grüne Oase auf der Nordseite der Farmhäuser und der von Mauern umschlossenen Klosterruinen. Hinter dem Sandstrand ist die westliche Küste von Islay sichtbar, und an klaren Tagen kann man Nordirland am Horizont erkennen.*

Oronsay, eine Insel der Inneren Hebriden vor der Westküste von Schottland, hat eine reiche Geschichte. Man sagt, daß der Heilige Columba aus Irland im 6. Jahrhundert mit einem Ruderboot hier landete, bevor er auf seinem Weg, die heidnischen Schotten zu bekehren, eine Siedlung auf Iona aufbaute. Im 14. Jahrhundert wurde dann ein großes Augustiner-Kloster gegründet, in dem die Mönche wahrscheinlich neben Gemüse Nutz- und Heilkräuter angebaut haben.

Heute ist das Kloster eine bedeutende Ruine, der Standort ist alt und romantisch. Von der mutmaßlich aus dem 14. Jahrhundert stammenden Anlage hat nur noch das Haus des Abts ein Dach; die Kirche, das Kloster und die Abtei selbst liegen offen. Auf dem Kirchhof steht immer noch das schöne, um 1500 gemeißelte Oronsay Kreuz.

Die Insel ist klein – 10 Quadratkilometer insgesamt; bei Ebbe kann man über eine Sandbank zu der größeren Insel Colonsay gelangen. Vom höchsten Punkt der Insel, dem Ben Oronsay, hat man einen atemberaubenden Blick über das Meer nach Jura und Islay. Das ganze Jahr peitschen Salzwinde über die Insel, und es gibt keine tiefen Täler, in denen Bäume vor den Stürmen des Winters und der Tag- und Nachtgleiche geschützt wären. Trotzdem bietet die im Golfstrom gelegene Insel einige gärtnerische Vorteile. Frost ist sehr selten, und der Niederschlag liegt bei 113 Zentimetern im Jahr – weniger heftig und schwer als in den Bergen von Jura, etwas weiter östlich.

Während der siebziger Jahre bin ich mit meinem ersten Mann und den Kindern regelmäßiger Sommergast auf Oronsay gewesen, und die Rückkehr, um einen Garten dort zu gestalten, war eine aufregende und emotionale Angelegenheit. Der Garten sollte für einen bekannten Architekten und seine Frau aus Boston, Massachusetts, die die ganze Insel gekauft hatten, gestaltet werden. 1989 hatten sie die Ruine sehr vorsichtig gesichert und die Farmgebäude und Landhäuschen restauriert. Die ursprünglichen, 2 Meter hohen Steinmauern waren wieder aufgebaut und ein Pächter war für die Farm gefunden worden. Ich sollte einen ehemaligen Futterplatz für das Vieh zu einem Zier- und Küchengarten umgestalten. Inmitten der uralten Mauern war dies sicherlich der Kräuter- und Gemüsegarten der Augustiner-Mönche gewesen.

Es war eine Herausforderung, für einen Architekten mit einem geschulten Auge zu arbeiten. Glücklicherweise waren wir uns von Anfang an einig, daß der Garten in verschiedene „Räume" aufgeteilt werden mußte und daß dem Wind nur kurze Schneisen geboten werden sollten – mit dem Ergebnis, daß der Plan auf dem Papier

Oben *Der Blick auf den mittelalterlichen Teil des Gartens mit seinem Katzenkopfpflaster. Die Ligusterhecken gedeihen prächtig. In dem quadratischen Beet in der Mitte wachsen Apotheker-Rosen* (Rosa gallica *var.* officinalis), *ergänzt von anderen Pflanzen, die schon im 14. Jahrhundert bekannt waren.*

eher wie ein Irrgarten aussah, abgesehen von dem großen Rasen-Wegekreuz.

Die Besitzer wohnen in Amerika an einer Steilküste nördlich von Boston. Deshalb schien es mir sinnvoll, ein amerikanisches Element einzubauen und etwas, das auf den verbindenden Atlantik Bezug nimmt. Mir fielen die Ligusterhecken ein, die am östlichen Ende Long Islands als Windschutz gebräuchlich sind. Deshalb wurde Liguster – jetzt in voller Pracht, anfänglich durch Zäune geschützt – für die Grundstruktur gepflanzt. Er bestimmt die Linien der größeren Wege und der einzelnen

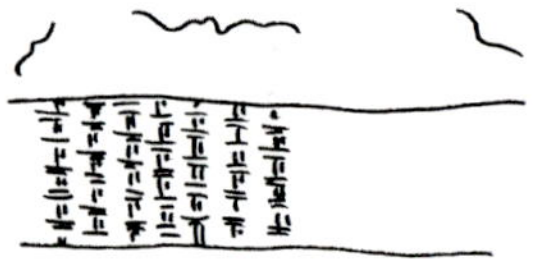

25 cm hohe Flechtzäune um die Beete in den Gärten C + D

Strauch-Garten

Baumaster
Griselinia
Cassinia
Strohblumen
Strauchveronika
Myrte
Myrthe
Erdbeerbaum
Kreuzkraut
Winterrinde
Farne
Weiden

A September Garten

Säckelblume
Griselinia
Strauchveronika
Baumaster
Brachyglottis
Zwiebelpflanzen
weitere Stauden
Camassia
Schmucklilie
Gräser
Fackellilien
Hakenlilien
Montbretien
Gladiolen

B Jekyll/Thaxter Garten

Katzenminze
Frauenmantel
Fette Henne
Artemisien
Inkalilien
Herbstanemonen
Palmlilie
Heiligenblume
Hundskamille
Disteln
Strauchveronika
Zierlauch
Schmucklilie
Libertia
Rugosa-Rosen
Lavendel

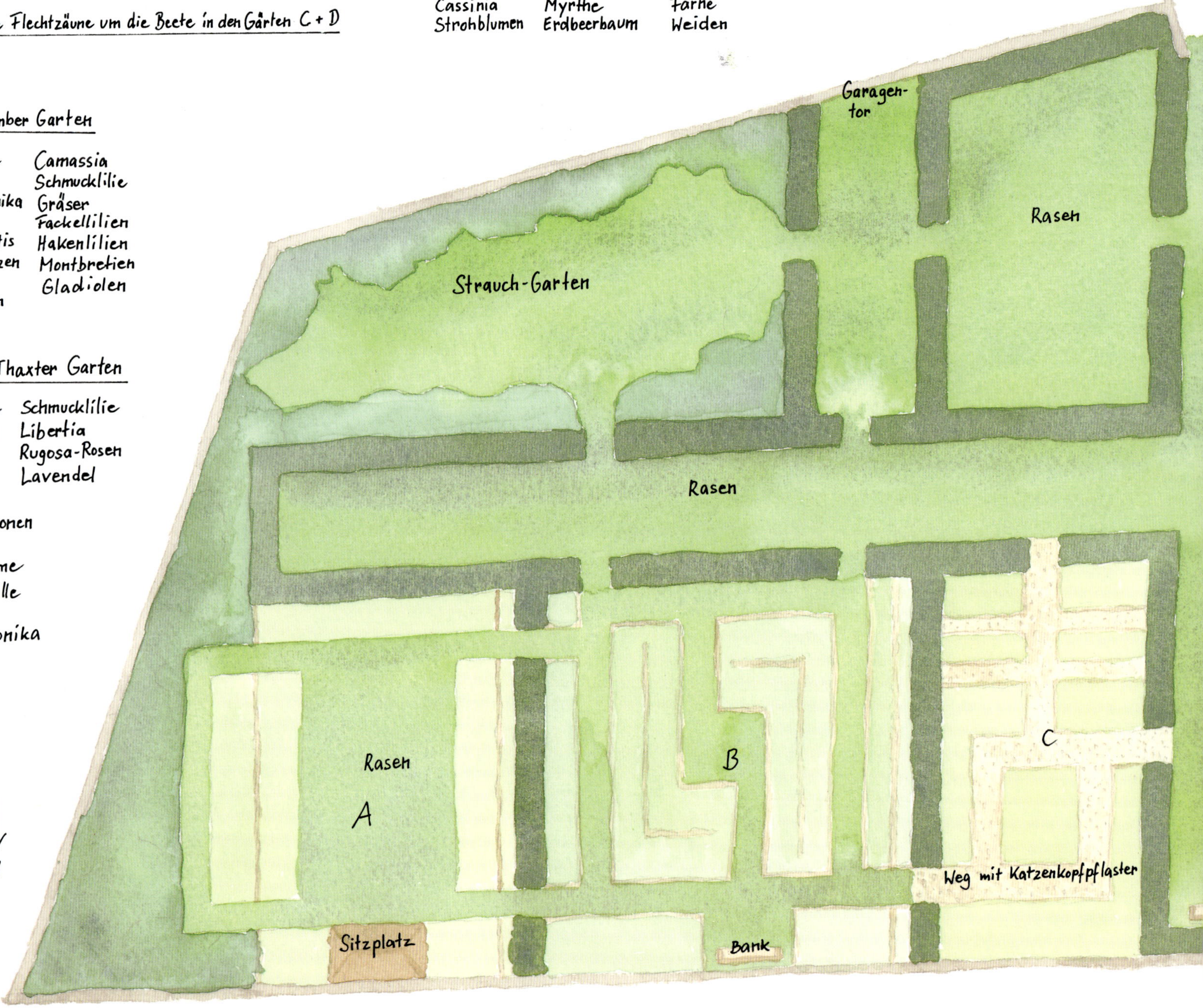

C Mittelalterlicher Garten

Iris
Rosen
Akelei
Leimkraut
Rosmarin
Geißraute
Frauenmantel
Hundskamille
Goldlack
Mohn
Veilchen
Fenchel
Seifenkraut
Dill
Schnittlauch
Spalierobst an der Mauer

D Päonien-Garten

Paeonia mascula
Paeonia officinalis
Paeonia lactiflora
Lilium speciosum
Sommerhyazinthe
Spalierobst an der Mauer

E Frühsommer Garten

Säckelblume
Griselinia
Strauchveronika
Baumaster
Brachyglottis
Zwiebelpflanzen
Camassia
Schmucklilie
Stauden

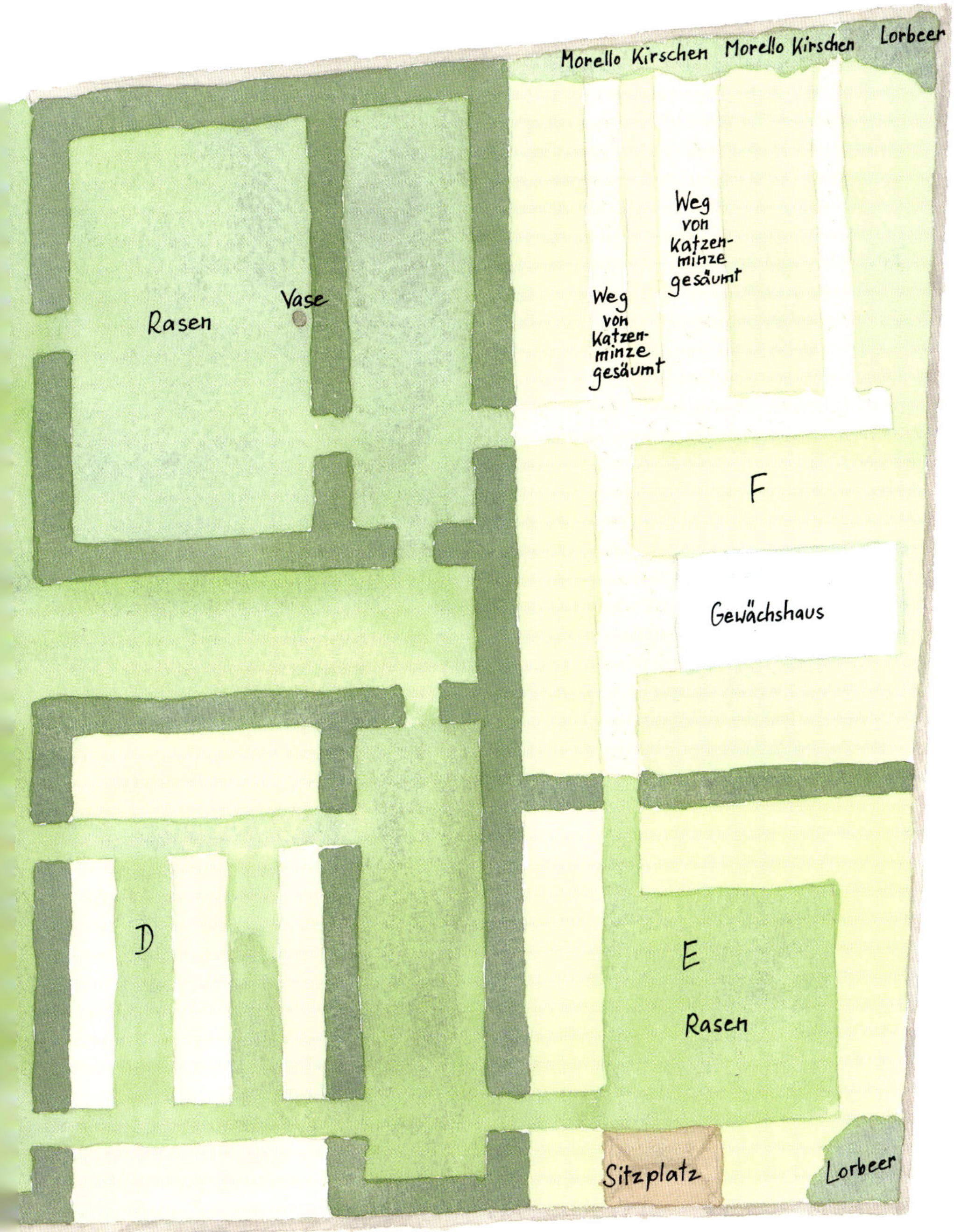

1m 1m

F Gemüse-Garten

Frühkartoffeln
Tomaten
Puffbohnen
Salate
Karotten
Kardonen
Spargel

Zucchini
Stangenbohnen
Spinat
Himbeeren
Japanische Weinbeeren
Loganbeeren
Stachelbeeren

Oben *Mauern, Kopfsteinpflaster und Weidenzäune um die neu bepflanzten Beete; im Hintergrund der Ben Oronsay.*

Darunter Geranium palmatum *von den Kanarischen Inseln sät sich reichlich selbst aus. Die Bedingungen für diese frostempfindliche Staude sind hier perfekt. Rosmarin, Lavendel, Garben* (Achillea millefolium) *und Gamander* (Teucrium *x* lucidrys) *wachsen üppig hinter dem niedrigen Weidenflechtwerk.*

Abteilungen. Innerhalb der kleineren Räume schützen Weidenzäune (in Somerset geflochten, aber ebenso hätten die Mönche sie im 14. Jahrhundert gemacht) vor dem Wind. Als weitere historische Anlehnung benutzte ich 25 Zentimeter hohe Weideneinfassungen für die – zur Arbeitserleichterung leicht erhöhten – Beete; eine im Mittelalter und in Klöstern übliche Methode, die ich nach alten Vorlagen kopierte.

Es war eindeutig, daß in der vollen Sonne und in dem salzigen Wind kein Rhododendrongarten entstehen konnte und die auf dem schottischen Festland üblichen feuchtigkeitsliebenden Pflanzen nicht wachsen würden. Jedoch sind die offene Lage, die Luftfeuchtigkeit und lange Sonnentage ideale Bedingungen für fast alle Sommerstauden, und so gedeihen Exoten und Vertrautes nebeneinander. Südafrikanische Zwiebelpflanzen (Agapanthus, Kniphofias und Galtonien) wurden vor die Mauern und die üppigen Heckenrosen (*Rosa rugosa*) gepflanzt.

Für jede Abteilung entwarf ich ein eigenes Thema. Meine Kunden wollten jedes Jahr im Mai und September kommen, deshalb wurde der westliche Garten ein Frühsommergarten und der östliche ein Septembergarten. Jetzt sind die Pflanzen im Frühsommergarten, bis auf die Frühjahrszwiebeln und Päonien, ersetzt durch Stauden, die der Reihe nach blühen und sich immer nur wenige Monate von den Winterstürmen erholen können: Baumastern (*Olearia*), Heckenrosen, Perovskias, Felberich (*Lysimachia*) und Astern. Im Septembergarten wächst eine zarte Strauchveronika aus Neuseeland, die den Salzwind verträgt, zusammen mit Rugosa-Rosen – einige zu der Zeit noch in Blüte, andere mit roten Hagebutten.

In der Mitte wurde der eingefaßte, von Kopfsteinpflasterwegen durchzogene mittelalterliche Garten mit Gewächsen bepflanzt, die schon die Mönche im 14. Jahrhundert als nützlich oder heilend kannten: Apotheker-Rosen (*Rosa gallica* var. *officinalis*), Färberwaid (*Isatis tinctoria*), Seifenkraut (*Saponaria officinalis*), Rosmarin, Lavendel, Gamander und Wermut (*Artemisia*) wegen seiner aromatischen Blätter.

Die Idee für einen weiteren Garten kam durch Gertrude Jekyll und Celia Thaxter. Gertrude Jekyll hatte zweimal einen Inselgarten gestaltet, einen in Lindisfarne Castle auf Holy Island in Northumberland und einen anderen auf Lambay in der Bucht von Dublin. Celia Thaxter, eine Zeitgenossin von Gertrude Jekyll und Tochter eines Leuchtturmwärters in Maine, gestaltete um die Jahrhundertwende einen Garten mit einjährigen Sommerblumen auf Appledore, einer Insel vor der Südküste von Maine. Dieser wunderschöne Garten, den die Impressionistin Childe Hassam malte, ist kürzlich restauriert worden. Die Blumen in meinem Jekyll/Thaxter-Garten wurden nach ihren Entwürfen ausgesucht: Geißraute (*Galega*), Jakobsleiter (*Polemonium*), Storchschnabel, Verbenen, Artemisien, Mauerpfeffer und Katzenminze bilden einen üppigen Flor.

Im Strauchgarten wachsen die windgewohnten Neuseeländer – Baumastern,

Links oben *Beide Inkalilien (die hellrosa* Alstroemeria ligtu *und die bekannte* A. aurea *in kräftigem Orange) lieben die Bedingungen in Oronsay. Strauchveronika – oft für Gärten auf dem Festland zu empfindlich – gedeihen in diesem milden Klima mit seinem salzigen Wind bestens.*

Links unten *Diese kleine Katzenminze* (Nepeta nervosa) *fühlt sich in ihrem Weidengehege sichtlich wohl. Falls diese Pflanze mal einen strengen Winter nicht überlebt, ist sie leicht aus Samen zu ziehen und blüht noch im selben Jahr. Ihre Blüten bleiben das ganze Jahr über, wenn man sie ständig putzt.*

Steinsame, Griselinias und Strauchveronika –, die niedrigeren Pflanzen etwas Schutz bieten. Es gibt einen Obst- und Gemüsegarten mit einem kleinen Treibhaus und windgeschützte Sitzplätze. In diesem milden Klima kann man den Garten das ganze Jahr lang genießen.

1996 wurde das Grundstück einer Vogelschutzorganisation für eine 10jährige Pacht überlassen. Der Pächter Donald Coleman und seine Frau Eve pflegen den Garten. Die großen Büsche werden jährlich zurückgeschnitten und die ursprüngliche Bepflanzung wird fortentwickelt. Viele Blumen, wie *Geranium palmatum*, säen sich gerne selbst aus; einige neue schmücken den mittelalterlichen Garten, und statt vieler Einjähriger wachsen im Jekyll/Thaxter-Teil jetzt Stauden.

So soll es sein: Ein Garten steht niemals still. Wichtig ist, daß er seinen Charakter behält – ein kultiviertes Paradies in einer herb-romantischen Landschaft, wo sonst nur wilde Vögel am Himmel kreisen.

Oben *Alle Pflanzen sind sehr üppig gesetzt worden, um eine gute Wirkung zu erzielen. Felberich* (Lysimachia), *Dost* (Eupatorium) *und* Gladiolus callianthus *'Murieliae' ersetzen die Päonien und bringen Farbe auch zu anderen Zeiten, als ursprünglich geplant war. Die Zäune zum Schutz der Ligusterhecken sind inzwischen entfernt worden.*

Oben *Jelänger-Jelieber und kleinblütige Klematis – hier* Lonicera *x* heckrottii *und* Clematis viticella *'Polish Spirit' – bedecken die Rankgerüste zu beiden Seiten des Hauses.*

Unten *Durch ein Lattenflechtwerk, berankt von Pfeifenwinde (eine Form von* Aristolochia*), sieht man einen Teil des dekorativen Glashauses.*

Gärten in einem Garten

Durch zwei Umstände verlief die Ausführung dieser Gartengestaltung ganz anders, als ich es gewohnt war. Erstens: Ich flog nach Detroit mit einem Plan, den ich gemacht hatte, ohne das Grundstück je gesehen zu haben, und er wurde sofort akzeptiert. Zweitens: Ich hatte das Glück, mit sehr erfahrenen, visuell begabten Kunden zusammenzuarbeiten, die bereits eine ziemlich klare Vorstellung von ihrem Wunschgarten hatten. Und sie deckte sich großartigerweise mit meinen eigenen Plänen.

Wir hatten uns einige Wochen vorher kurz in London getroffen, und sie gaben mir einen Lageplan und einige Fotos. Ihr weißes Holzhaus, an dem auch weitgehende Umbauten und Restaurierungen vorgenommen wurden, war Ende des vorigen Jahrhunderts gebaut worden. Das Grundstück, an einer Nebenstraße eines Vororts von Detroit, mißt 30 x 35 Meter. Das Haus liegt fast in der Mitte, der Hauptgarten dahinter, vorne sind eine Auffahrt und Platz für begleitende Beete. Meine Kunden wollten keinen Garten, wie er in der Gegend üblich ist. In Detroit, mit seinem kalten Winter (Kältezone 5) und sehr heißen Sommer, haben viele Gärten pflegeleichte Bäume und Sträucher über einem Efeu-Bodendecker, im Sommer blühen schattentolerante Fleißige Lieschen in Rosa und Weiß. Obwohl sie keine routinierten Gärtner waren, kannten sie Englische Gärten nach Jekyll-Art und waren fest entschlossen, etwas Ähnliches in dem extremen Klima des Mittleren Westens zustande zu bringen. Sie wollten klare Strukturen durch Hecken und Immergrün, um auch im Winter ein Bild zu haben, aber trotzdem Platz für naturnahe Bauernblumen während des Sommers. Ihnen schwebten die typischen Gertrude Jekyll Rabatten vor, mit Farbflächen aus Stauden, Einjährigen, Rosen und Kletterpflanzen. Das waren meine Anweisungen.

Durch eine dunkle Hecke aus Hemlocktanne (*Tsuga canadensis*), die fast drei Seiten des Grundstücks umschloß und einen perfekten Hintergrund für die spätere Pflanzung darstellte, hatte ich schon eine gewisse Struktur. Ich schlug eine Reihe von Räumen vor, mit Vorder- und Hintergärten, die durch zwei parallele „Gäßchen" miteinander verbunden sein sollten. Diese Korridore schirmten das Grundstück etwas von der Straße ab und lenkten den Blick am Haus entlang bis hin zu jeweils einem kleinen Pavillon aus zierlichen Zedernholzlatten. Vor dem Haus werden die Gassen von Rankgerüsten gerahmt, die mit Jelänger-Jelieber und Klematis bedeckt sind. Wir entschlossen uns, die Tannenhecke hinter den Pavillons durch eine Reihe hoher Birnbäume zu verstärken und damit die Sicht auf die Nachbarhäuser zu verdecken.

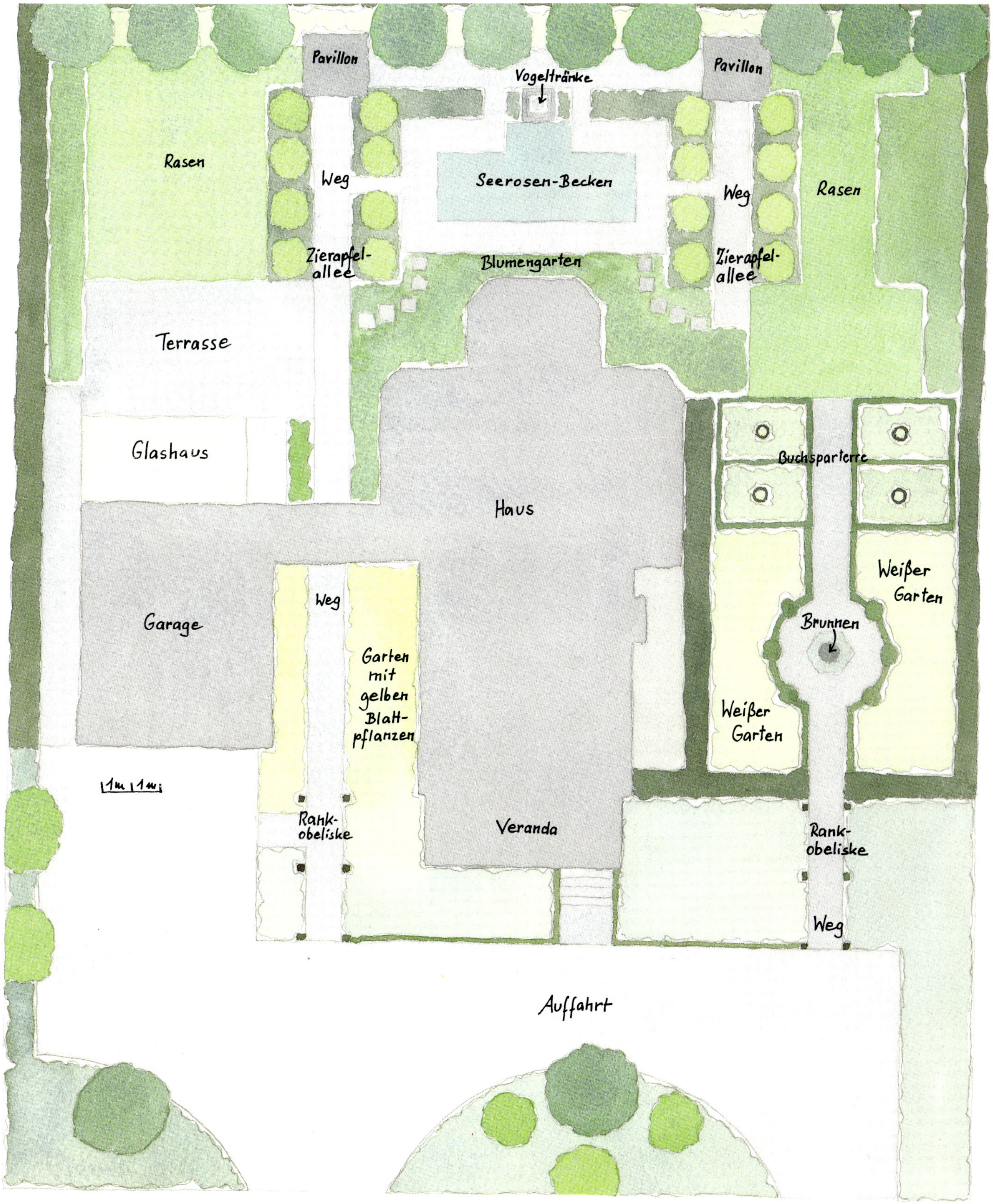
Pavillon
Vogeltränke
Pavillon
Rasen
Weg
Seerosen-Becken
Weg
Rasen
Zierapfel-allee
Blumengarten
Zierapfel-allee
Terrasse
Glashaus
Buchsparterre
Haus
Weißer Garten
Weg
Garage
Brunnen
Garten mit gelben Blattpflanzen
Weißer Garten
1m 1m
Rank-obeliske
Veranda
Rank-obeliske
Weg
Auffahrt

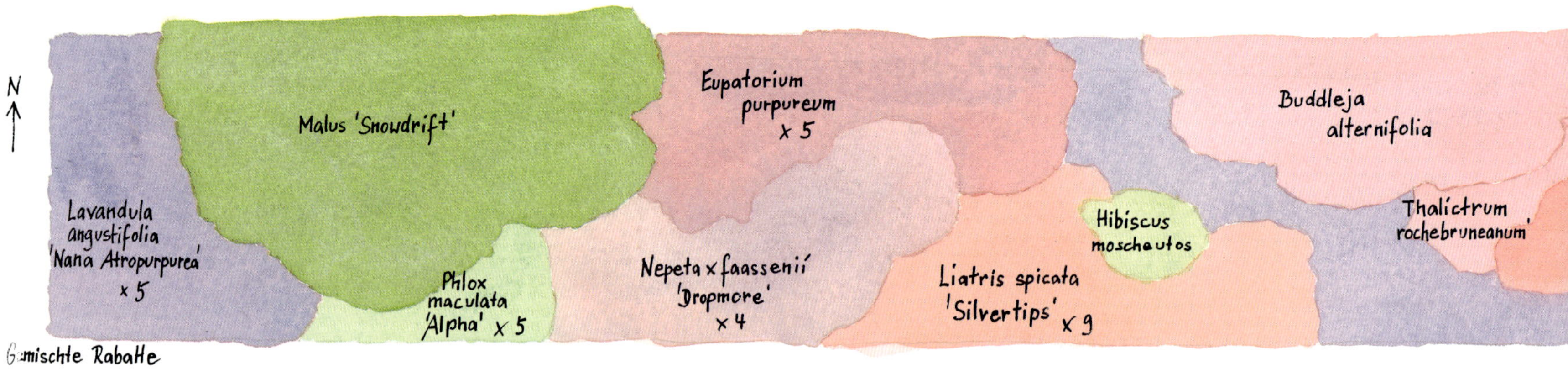
N
Malus 'Snowdrift'
Eupatorium purpureum x 5
Buddleja alternifolia
Lavandula angustifolia 'Nana Atropurpurea' x 5
Phlox maculata 'Alpha' x 5
Nepeta x faassenii 'Dropmore' x 4
Liatris spicata 'Silvertips' x 9
Hibiscus moscheutos
Thalictrum rochebruneanum
Gemischte Rabatte

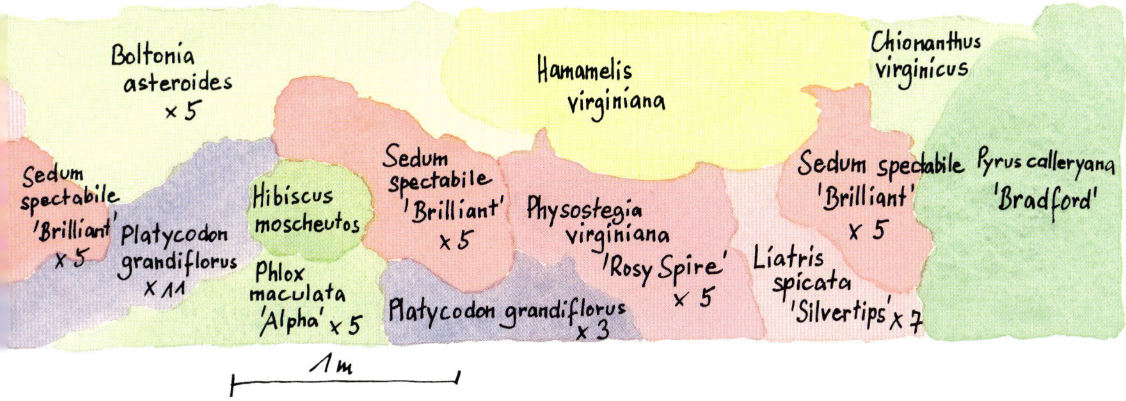

Außerdem würden sie durch ihre Höhe eine Balance zum Haus bilden.

Hinter der Garage schaut man von einer sonnigen Terrasse auf einen Rasen. Später ist ein altes, verziertes Glashaus aus Belgien dazwischengebaut worden, das zu einem Blickpunkt im Garten wurde. Hier finden empfindliche Pflanzen im Winter Schutz. An die eine Seite des Rasens kam das Staudenbeet, das seinen Höhepunkt Ende Juli hat, mit Gewächsen, die sowohl Hitze als auch Trockenheit vertragen: Wiesenraute (*Thalictrum*), Dost (*Eupatorium*), *Echinacea*, Ballonblumen (*Platycodon*), Prachtscharte (*Liatris*) und Gelenkblumen (*Physostegia*). Sträucher – auch einige Immergrüne – sind das Rückgrat der Rabatte und geben ihr auch im Winter ein „Gesicht“, sogar wenn Schnee liegt.

Auf der anderen Seite des Rasens verlaufen kleine Alleen aus Zieräpfeln (*Malus* 'Snowdrift'), die Höhe erzeugen und den Garten in Räume teilen. Nach ihrer Blüte, wenn die weiße Pracht in schönem Kontrast zu dem blauen Günsel zu ihren Füßen steht, werden sie in Form geschnitten. Direkt hinter dem Haus, zwischen den Zierapfelwegen, plante ich ein symmetrisches Wasserbecken, umgeben von Beeten mit Rosen, Bartblumen, Artemisien und Lavendel. Nicht alle diese Pflanzen überleben den Winter, aber Sträucher mit in der Hitze gereiftem Holz sind erstaunlich robust. Für alle Fälle werden jedes Jahr Stecklinge geschnitten. Um das Wasserbecken herum dürfen sich Sämlinge (die in Amerika passenderweise 'Volontäre' heißen) von Spornblumen (*Centranthus*), Eisenkraut (*Verbena bonariensis)* und Hornveilchen ein Plätzchen in den Fugen des Pflasters suchen.

Auf der anderen Seite des Hauses sollte ein geometrischer Buchsbaumgarten um einen Brunnen herum entstehen, hauptsächlich mit weißblütigen Pflanzen. Kompaktheit und Struktur wurden durch Sträucher erzielt, die zwischen sommerblühenden Stauden stehen.

Eine völlig un-amerikanische Sache war das halbrunde Beet an der Straße, das das Haus vor den Blicken der Passanten schützen sollte. Üblicherweise verläuft der Rasen im Vordergarten direkt bis zur Straße, ohne Grenze zu den Nachbarhäusern. Statt dessen pflanzten wir dicht einheimische Bäume: Birke (*Betula nigra*) und Felsenbirne mit grauer Borke (*Amelanchier arborea*) wegen ihres Aussehens im Winter. Unter den Bäumen plante ich kleine amerikani-

Oben *In den Pavillons aus Zedernholzlatten, die im Laufe der Zeit silbergrau werden, stehen Töpfe mit riesigen* Nicotiana sylvestris. *Sie bilden die Endpunkte der Zierapfel-Alleen.*

Ganz links *Der Blick aus dem Glashaus auf die mit grünem Schiefer gepflasterte Terrasse. Links in der Rabatte stehen viele Blattpflanzen, die auch während des Sommers, wenn sie nicht blühen, gut aussehen. Hohe Birnbäume schirmen die Nachbarhäuser ab. Dekorative Blumenkübel sind mit silbernen Blattpflanzen sowie blauen und mauvefarbenen Salvien gefüllt. Wegen der Hitze müssen sie während des Sommers in Abständen erneuert werden.*

Folgende Doppelseite *Das sonnige Wasserbecken ist von symmetrischen Beeten umgeben, die sehr „englisch“ bepflanzt sind. Die hellen Terrakottavasen passen gut zu dem Schieferpflaster.*

sche Frühjahrsblüher und Zwiebelpflanzen; später kamen Farne dazu.

Ich hatte mir in bezug auf den endgültigen Pflanzplan wegen des extremen Klimas große Sorgen gemacht. Zum Glück hatte ich Literatur über Pflanzen der verschiedenen Klimazonen, und außerdem besaß ich eigene Notizen von vergangenen Reisen in den Mittleren Westen. Natürlich passierten Fehler, aber meine Kunden waren sehr hilfreich und ermunterten mich sogar, Pflanzen im Grenzbereich der entsprechenden Frosthärte auszuprobieren. Es hat mich mit Befriedigung erfüllt, daß in den letzten vier Jahren und trotz des sehr kalten Winters 1993/94 die meisten Pflanzen überlebt haben. Carol Fenner, die Gärtnerin, hat viele Verbesserungen vorgenommen, und mit ihrem Fachwissen und ihrer gärtnerischen Begabung ist sie für den Garten in seiner Entwicklung wie ein Fels in der Brandung. Ständig gibt es kleine Veränderungen, aber immer zum Guten, und mein ursprünglicher Plan ist nur wenig verändert worden.

LINKS *In der Sonne wachsen weißblütige Stauden – Phlox 'Miss Lingard', weißer Schlangenkopf* (Chelone obliqua *'Alba'), Sibirische Iris und der wuchernde Entenschnabelfelberich* (Lysimachia clethroides) *– vor augenfälligeren Büschen wie* Hydrangea arborescens *und* Rosa rugosa. *An der schattigen Seite mildern Herbstanemonen 'Honorine Jobert',* Cimicifuga racemosa, Aster divaricatus *und Storchschnabel* (Geranium sylvaticum) *die Strenge der Sträucher. Zwei Stechpalmen* (Ilex verticillata) *rahmen einen Hartriegel* (Cornus kousa *var.* chinensis *'Summer Skies') ein.*

RECHTS *Die wie Einjährige gepflanzten Lilien zeigen eine lebhafte Farbwirkung in den Buchsbaumbeeten mit den glasierten Vasen. Die Blüten der Lilie 'Scarlet Emperor' mit ihren grünlichen Knospen erfreuen einige Sommerwochen lang. Etwas früher blühen in den Beeten blaue Amsonien* (Amsonia tabernaemontana) *in verschwenderischer Fülle und vermitteln eine kühlende Wirkung.*

Ein Garten auf einer Steilküste

Im Oktober 1990 besuchte ich diesen Garten auf einer felsigen Insel vor der Küste von Maine in Nordamerika zum ersten Mal, da mich die Besitzer um eine neue Bepflanzung gebeten hatten. Zum Glück war ich im August des Vorjahres schon einmal auf der Insel gewesen, ohne daß meine Kunden dies wußten. Es war während einer dreiwöchigen Reise von Long Island über Connecticut und Maine nach Kanada, auf der ich Sommergärten besichtigt hatte. Ich besuchte die wichtigsten Gärten der Insel, einschließlich der öffentlichen Anlagen sowie Asticou Azalea und Thuya Gardens. Daher besaß ich eine Liste der geeigneten Pflanzen, und das Maine-Notizbuch wurde meine authentische Bezugsquelle für die neue Bepflanzung. Bei späteren Besuchen im Acadia National Park lernte ich weniger bekannte einheimische Pflanzen kennen: die kleine, rosablühende *Rosa nitida*, die dort überall wuchs, Blaubeeren (*Vaccinium*), *Rhododendron canadense* und die kriechende Rebhuhnbeere (*Mitchella repens*). Sie sollten dort gepflanzt werden, wo die formalen Beete langsam in die Steilküste oder das Unterholz übergingen.

Meine Kunden wohnten hier hauptsächlich während der Sommermonate Juli und August; dann sollte der Garten in seiner schönsten Pracht stehen. „Sommergäste" gibt es auf der Insel seit der Jahrhundertwende, jedoch bestand das Gärtnern in den feudalen Tagen hauptsächlich im Anpflanzen von Einjährigen um die Häuser herum und aus Gemüse- und Schnittblumengärten, die durch hohe Zedernzäune vor dem Wind geschützt waren. Meine Kunden kannten meine Bücher „Farbe im Garten" und „Die Kunst der Gartengestaltung" und wollten den „English look": Stauden, Sträucher und Kletterpflanzen an den Granitmauern. Dabei gaben sie mir hilfreiche Tips in bezug auf ihre Lieblingspflanzen.

Der Garten war großartig gelegen, mit Blick nach Osten und Süden über den

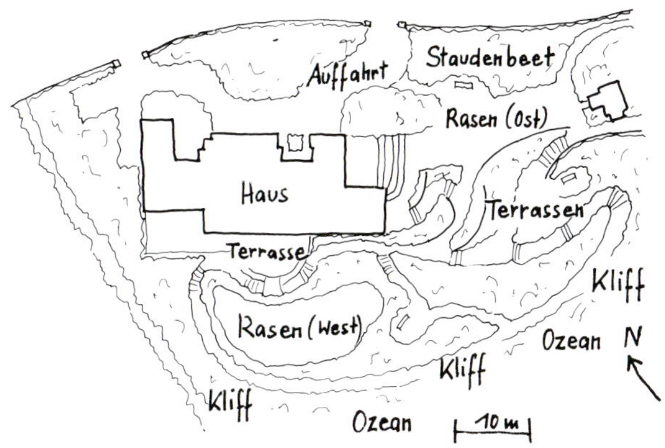

Gegenüberliegende Seite *Am Rand des östlichen Rasens wachsen Katzenminze und die Rose 'Bonica' vor einem antiken Ölgefäß. Im Hintergrund erkennt man das Sommerhäuschen. Die Bepflanzung ist schlicht und ohne formale Strenge. Es gibt wenig Rot- und Orangetöne, da die Eigentümer sanfte Farben lieben.*

Atlantischen Ozean und kleine, vor der Küste verstreute Inseln. Wegen der warmen Sommer (aber nicht zu heiß, mit erfrischend kühlen Nächten) und der sehr strengen Winter mußten die Pflanzen sorgfältig gewählt werden. Ich schloß deshalb von vornherein die großblättrigen, immergrünen Sträucher aus, die ich in England viel verwende, und nahm sicherheitshalber nur sommergrüne Büsche aus der Klimazone 4. Tatsächlich erwiesen sich viele meiner Bedenken als grundlos. Wegen des Ozeans herrscht eher maritimes Klima. Im Laufe der Jahre schufen wir Ecken mit passendem Kleinklima für *Magnolia virginiana* und Chinesischen Hartriegel.

Wenn ich auch Zugeständnisse bei den sonst von mir verwendeten Sträuchern machen mußte, so gab es genügend Möglichkeiten mit Stauden. Fast alle bekannten Arten überleben unter einer schützenden Schneedecke im Winter. Blühende Klematis treiben jedes Jahr vom Grund auf neu aus und bringen Farbe im Juli und August. Der Frühling kommt spät, aber gut gedüngt machen die Stauden das Beste aus der kurzen Saison mit ihren langen Tagen und kurzen Nächten.

Einige Jahre zuvor hatten Landschaftsarchitekten aus Maryland die Steilküste mit Stützmauern aus Inselgranit umgestaltet und einige durch Treppen verbundene Ter-

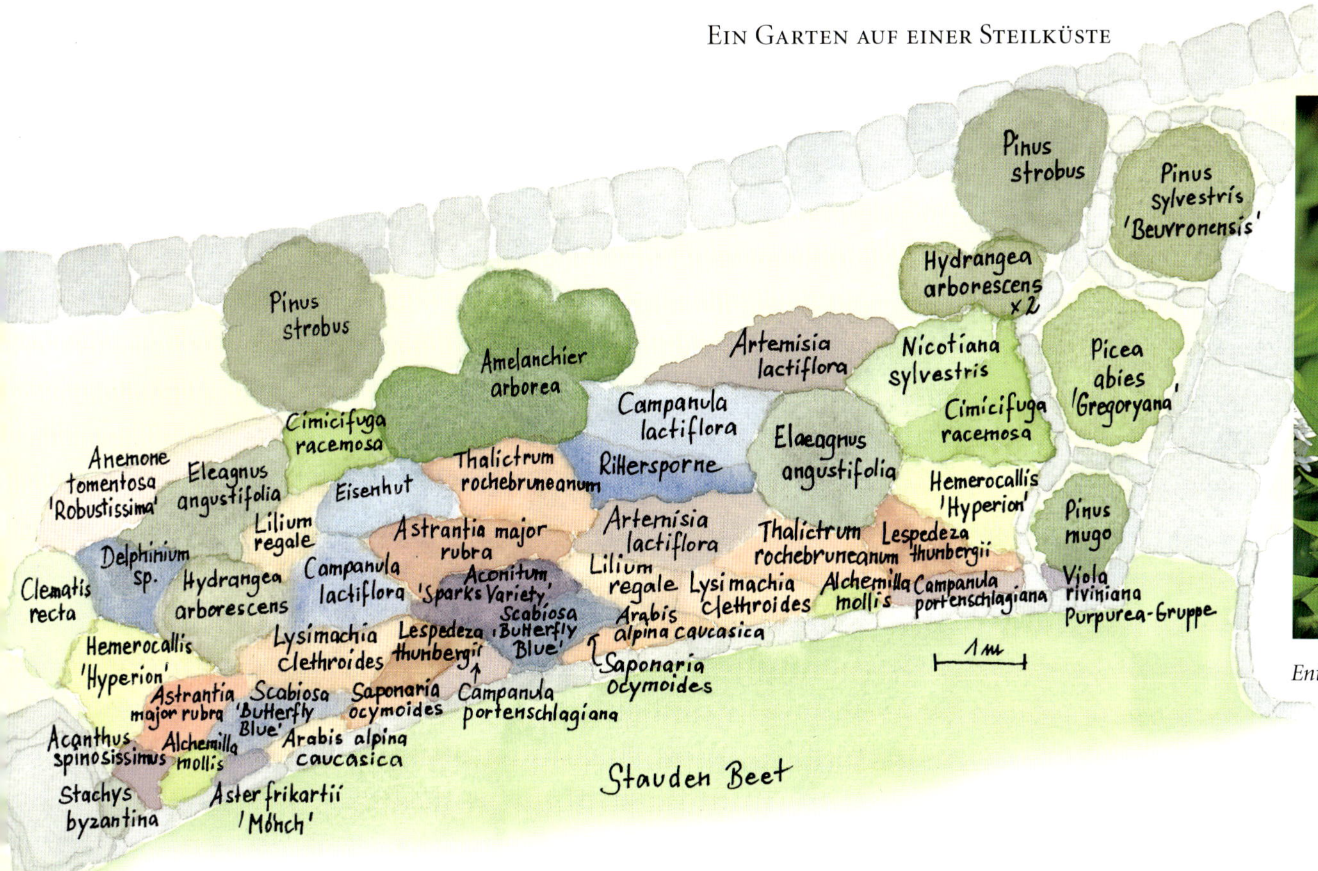

Entenschnabelfelberich Lysimachia clethroides

rassengärten konstruiert. Diese Beete waren mit gutem Mutterboden aufgefüllt worden – die vorhandene Erde ist sehr sauer und muß ständig gedüngt und verbessert werden. Die meisten Rabatten waren in einer offenen, sonnigen Lage nach Osten oder Süden ausgerichtet. Schattige Ecken, gebildet durch einheimische Fichten (*Picea glauca, P. rubens)* und einzelne Kiefern (*Pinus strobus*, die atlantische Stürme nicht sehr lieben) machten die Anlage interessant und erweiterten die Pflanzenauswahl.

Bei meinem ersten Besuch im Oktober 1990 – für drei regnerische Stunden – hatte ich genug gesehen, um einen Pflanzplan zu erstellen. Als einzige Änderung der Anlage hatte ich eine Verlängerung der Hauptrabatte vor, die, passend zu der Bepflanzung der Hangbeete, mit Granit eingefaßt werden sollte.

Bis Dezember hatte ich einen in allen Einzelheiten ausgearbeiteten Entwurf für die Blumenrabatten, und im folgenden Juni wurde gepflanzt. Ich verwendete einige heimische Sträucher: Zwergvogelbeere (*Aronia arbutifolia*), Felsenbirne, *Myrica pensylvanica* und den Schneeball *Viburnum prunifolia*, als exotische Pflanze die silberblättrige Ölweide (*Elaeagnus angustifolia*) aus dem Bereich der Klimazone 3–8, die völlig winterfest in der großen Rabatte steht.

Ein weiteres Problem war die Bepflanzung der Terrassenbeete auf den Granitmauern unterhalb des Hauses. Etwas nördlich vom Haus konnte man alle beim Blick von oben über den Ozean sehen. Ich wollte nicht jedes einzeln gestalten, sondern einen Gesamteindruck dieser „hängenden Gärten" schaffen. Einige Pflanzen sollten über die Mauern quellen, andere an einem Drahtgeflecht nach oben klettern. Staudenklematis, wie *C. heracleifolia* und *C. integrifolia*, breiten sich gerne aus, während der kleinblütige Viticella-Typ eher nach oben wächst. Um den gewünschten Effekt zu erreichen, setzte ich Pflanzen in wiederholten Gruppen ein: Wolken aus Geißraute (*Galega officinalis*), weiße Silberkerzen (*Cimicifuga racemosa*) und blaue Baptisien. Frauenmantel (*Alchemilla mollis*) und Fingerhut (*Digitalis*) konnten sich frei selbstaussäen und lockerten den Gesamteindruck auf. An einigen Stellen war das Pflanzen wegen des steinigen Untergrunds fast unmöglich. Aber mit heimischen Soden, die eine Mischung aus Rebhuhnbeeren (*Mitchella repens*), Blaubeeren (*Vaccinium*) oder Kanadischem Hartriegel (*Cornus canadensis*) enthielten und in ausgestochenen Streifen verlegt wurden, steckten wir in größere „Pflanztaschen" auch Lilien und Farne. Ansonsten war die Arbeit dieselbe

Links *Ein Blick entlang der Hauptrabatte zu dem Sommerhäuschen vor den Fichten. Dahinter gibt es nur noch Himmel und Ozean. Der Meereswind bringt immer erfrischende Kühle. Leuchtende Farben haben Taglilien* (Hemerocallis *'Hyperion') und, ganz hinten, die Wiesenraute* (Thalictrum rochebruneanum).

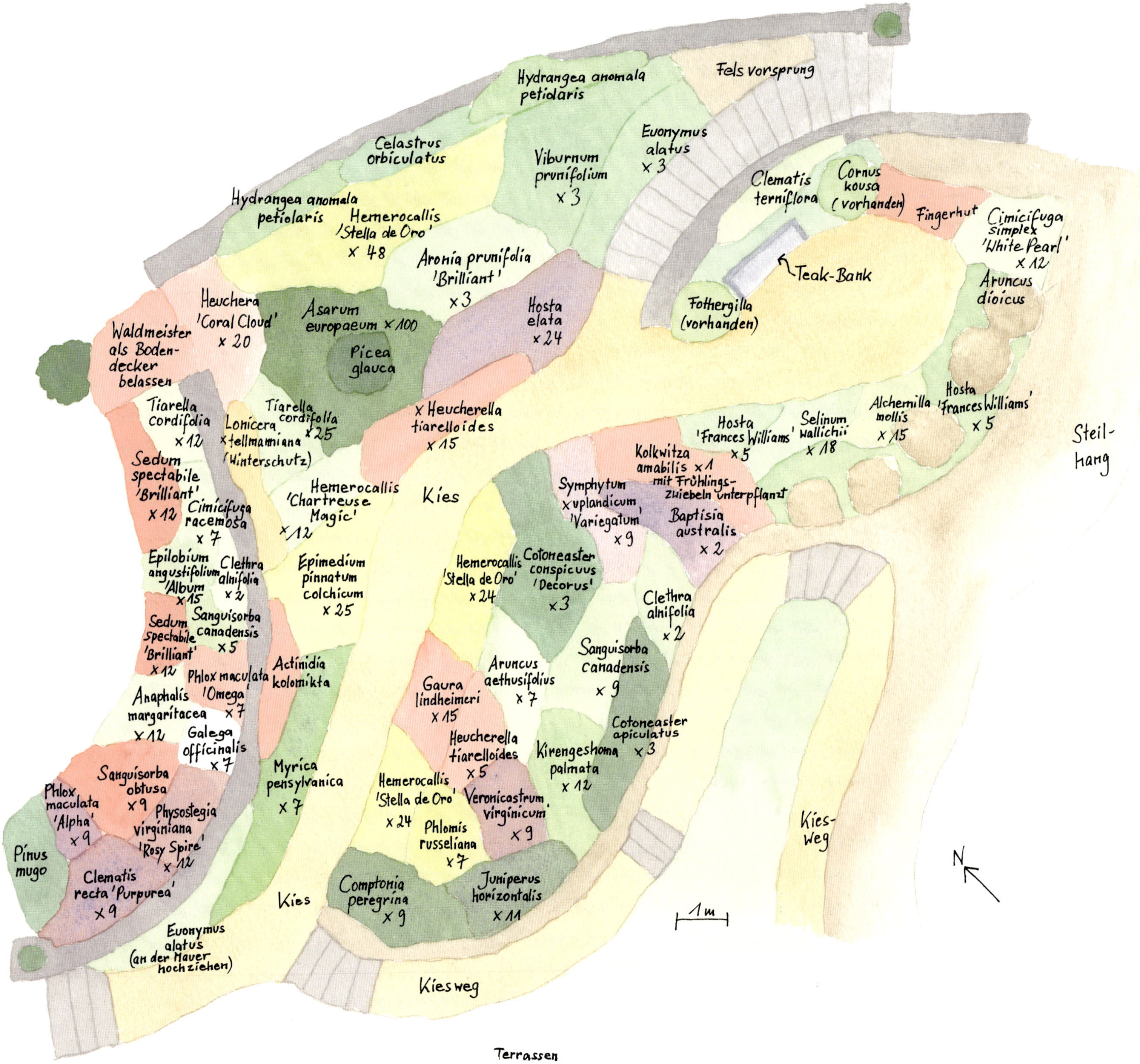

Fels vorsprung
Hydrangea anomala petiolaris
Celastrus orbiculatus
Viburnum prunifolium x 3
Euonymus alatus x 3
Clematis terniflora
Cornus kousa (vorhanden)
Fingerhut
Cimicifuga simplex 'White Pearl' x 12
Hydrangea anomala petiolaris
Hemerocallis 'Stella de Oro' x 48
Aronia prunifolia 'Brilliant' x 3
Teak-Bank
Aruncus dioicus
Fothergilla (vorhanden)
Heuchera 'Coral Cloud' x 20
Asarum europaeum x 100
Picea glauca
Hosta elata x 24
Waldmeister als Bodendecker belassen
Tiarella cordifolia x 12
Lonicera x tellmanniana (Winterschutz)
Tiarella cordifolia x 25
x Heucherella tiarelloides x 15
Hosta 'Frances Williams' x 5
Selinum wallichii x 18
Alchemilla mollis x 15
Hosta 'Frances Williams' x 5
Steil-hang
Sedum spectabile 'Brilliant' x 12
Cimicifuga racemosa x 7
Hemerocallis 'Chartreuse Magic' x 12
Kies
Kolkwitza amabilis x 1 mit Frühlingszwiebeln unterpflanzt
Symphytum x uplandicum 'Variegatum' x 9
Baptisia australis x 2
Epilobium angustifolium 'Album' x 15
Clethra alnifolia x 2
Epimedium pinnatum colchicum x 25
Hemerocallis 'Stella de Oro' x 24
Cotoneaster conspicuus 'Decorus' x 3
Clethra alnifolia x 2
Sedum spectabile 'Brilliant' x 12
Sanguisorba canadensis x 5
Actinidia kolomikta
Phlox maculata 'Omega' x 7
Gaura lindheimeri x 15
Aruncus aethusifolius x 7
Sanguisorba canadensis x 9
Anaphalis margaritacea x 12
Galega officinalis x 7
Heucherella tiarelloides x 5
Cotoneaster apiculatus x 3
Kirengeshoma palmata x 12
Sanguisorba obtusa x 9
Phlox maculata 'Alpha' x 9
Physostegia virginiana 'Rosy Spire' x 12
Myrica pensylvanica x 7
Hemerocallis 'Stella de Oro' x 24
Veronicastrum virginicum x 9
Phlomis russeliana x 7
Kies-weg
N
Pinus mugo
Clematis recta 'Purpurea' x 9
Kies
Comptonia peregrina x 9
Juniperus horizontalis x 11
1 m
Euonymus alatus (an der Mauer hochziehen)
Kiesweg
Terrassen

*Eine der tiefer liegenden Terrassen, hoch über dem Atlantik. Stauden quellen über den Wegesrand und die strengen Granitmauern, die Teil der ursprünglichen Landschaftsarchitektur sind. Die Farbwahl wurde bestimmt durch eine Wiederholung auf verschiedenen Ebenen, mit Pflanzen, die scheinbar von einer Stufe zur anderen purzeln. Hier war ursprünglich Schatten durch eine Fichte (*Picea glauca*), die später umgestürzt ist. Jetzt ist die Pflanzung durch sonnenhungrige Stauden ergänzt worden. Silberkerzen, Goldbaldrian (*Patrinia*), Frauenmantel – links in der Ecke eine Blüte Jelänger-Jelieber – drängen sich vor den panaschierten Blättern der Funkie 'Frances Williams', und im Hintergrund leuchtet die Taglilie 'Chartreuse Magic' in kühlem Gelb. Der Magnolienbusch (*Magnolia virginiana*) hinter der Bank wird wegen der Kälte jeden Winter mit Sackleinen umhüllt.*

wie bei ebenen Rabatten, wenn man davon absieht, daß die Beete zum Ozean hin steil abfielen.

Es war eine großartige Aufgabe. Im Februar 1991 kehrte ich zu einer Entwurfsüberarbeitung der schattigen Nordseite zurück, für die ich bei meinem ersten Kurzbesuch keine Zeit gehabt hatte. Hier haben wir später Farne, Heidekraut, einheimische *Arctous alpinus* und Rhododendren (*R. catawbiense*) gepflanzt.

Da in Maine der Frühling spät kommt, ist der Juni voller Hektik: Die Winterschäden müssen beseitigt werden, bevor Ersatz gepflanzt werden kann. Einjährige werden im März unter Glas ausgesät oder, wie blaue Salvien, rosa Diascia und silberblättrige Strohblumen, durch Stecklinge im vorhergehenden Herbst vermehrt. Sie alle füllen Töpfe oder Lücken in den Beeten.

Im Laufe der Jahre haben wir die Bepflanzung der Grenzbeete zur Straße verbessert, und eine Menge ist ausgemerzt worden – diese Art Bauerngarten muß jährlich überarbeitet werden. Neue Stauden ergänzen ein Thema, alte verschwinden wegen Mangelerscheinungen oder weil die Farbe nicht genau paßt. Im Garten wird ständig ausprobiert. Bei der Anlage der Steilhangbeete bekam ich Hilfe von einheimischen Pflanzenkennern, und kürzlich assistierte mir meine Partnerin in Amerika, Nan Sinton, die diese Gegend sehr gut kennt. Dank des Einsatzes eines erfahrenen Gärtners, seiner Frau und eines Mitarbeiters hat der Garten jetzt seine schönsten Möglichkeiten entfaltet.

LINKS *Vom rückwärtigen Teil des Hauses schaut man auf die felsige Küste und den blauen Ozean. Töpfe mit Wucherblumen begleiten die Stufen nach oben. Rosen und Katzenminze rahmen den Weg, der steil nach unten führt.*

OBEN LINKS *Stufen führen von der Terrasse nach oben. Unter der Mauer wachsen eine kleine Katzenminze und Bartblumen, die jedes Jahr erneuert werden. Darüber bedeckt eine Klematis 'Etoile Violette' die Mauer. Eigentlich sollte es eine Klematis 'Betty Corning' werden, die ich in einem Nachbargarten gesehen hatte, aber diese gab es in dem Jahr nicht, in dem wir pflanzen wollten.*

OBEN RECHTS *Ein Blick von dem unteren Terrassenweg auf die Treppe zum oberen Rasen. Klematis 'Eve', eine Neuerwerbung, klettert über die Mauer und die benachbarte* Myrica pensylvanica. *Davor eine weiße Staudenwicke. Neu ist auch eine* Perovskia *mit blauen Blütenrispen im oberen Beet. Die gelbe Taglilie 'Chartreuse Magic' ist ein starker Blickpunkt und muß vielleicht entfernt werden. Rechts, unterhalb der Mauer, kann man eine* Magnolia virginiana *und eine – ebenfalls neue – Gruppe Fiederspieren* (Sorbaria sorbifolia) *erkennen. Das Brandkraut* (Phlomis russeliana) *und der Farn* (Comptonia peregrina) *vorne rechts sind Teil der ursprünglichen Planung.*

Ein Bauerngarten im Landhausstil

Meine Arbeit in diesem Garten in Somerset begann in den achtziger Jahren. Erhöht, den Garten überblickend, liegt das charmante Steinhaus aus dem 17. Jahrhundert. Unterschiedliche Höhen, alte Steinmauern und Treppen auf mehreren Ebenen machen das Gelände interessant und schaffen vielfältige Blickpunkte. Großer Buchs und andere Formschnittgehölze vermitteln Würde und Dauerhaftigkeit. Die schmale Terrasse um das Haus erweitert sich abwärts zu einer Rasenfläche, an deren Ende Steinstufen zu einem alten Mammutbaum (*Sequoiadendron giganteum*) führen. An einer Seite des Hauses verbreitert sich die Terrasse zu einem geschützten Platz, östlich davon, unter einer hohen Mauer, ist ein Gemüsegarten und dahinter eine Tennisanlage.

Die Besitzer sind Bio-Gärtner. Eine tüchtige Halbtagskraft, Andrew Crabb, baut das Gemüse an, pflegt den Kompost, pflanzt, mäht und jätet Unkraut. Als ich anfing, hatten wir große Probleme mit Giersch. Das meiste ist durch das Ausgraben der Wurzeln entfernt worden, aber in den schlimmsten Ecken hat man doch ein systemisches Herbizid benutzt.

Der Garten mußte nicht völlig neu gestaltet werden – das wollten die Besitzer auch nicht –, aber ich wollte ihm eine feste Struktur geben, um ein Gleichgewicht zwischen Haus, Terrasse, Garten und der aufdringlichen Tennisanlage zu schaffen. Meine Kunden waren sehr vorsichtig und wollten nur graduelle Veränderungen, die Andrew Crabb ausführen sollte. Deshalb gingen wir die Sache schrittweise an, und so habe ich im Laufe der Jahre unterschiedliche Projekte durchgeführt, alle mit dem Ziel, den Garten hübscher und pflegeleichter zu machen.

Der erste Schritt war die Verbesserung der vorhandenen beiden Beete am Rand der Tennisanlage und die Einrichtung einer Sitzecke. Ich schlug eine offene Laube aus einer Latten-Treillage vor, die, mit Klematis und Jelänger-Jelieber bewachsen, einen lichten, halbschattigen Sitzplatz ergab. Die Rabatten, sichtbar auch von oben, bekamen eine konservative Bepflanzung – Lavendel, Strauchrosen und Iris –, mit Katzenminze als Begrenzung zum Weg, und kraftvoll dazwischen einige größere Büsche. Kleinere Pflanzen, Diascias und silberblättriger Ziest, ranken über die Trockenmauer am Rand des Tennisplatzes.

Die nächste Aufgabe war die Verbesserung der Bepflanzung einer nach Osten ausgerichteten Rabatte unter der hohen Terrassenmauer. Wir fügten immergrüne

*Die lockere Bepflanzung der doppelten Rabatten am Tennisplatz, mit Blick auf die höher gelegene Mauer. Riesige Katzenminze begrenzt den Weg; Schneeball, eine Kolkwitzie (*K. amabilis *'Pink Cloud'), Hortensien und eine Wolke blaublütiger Bartblumen folgen später.*

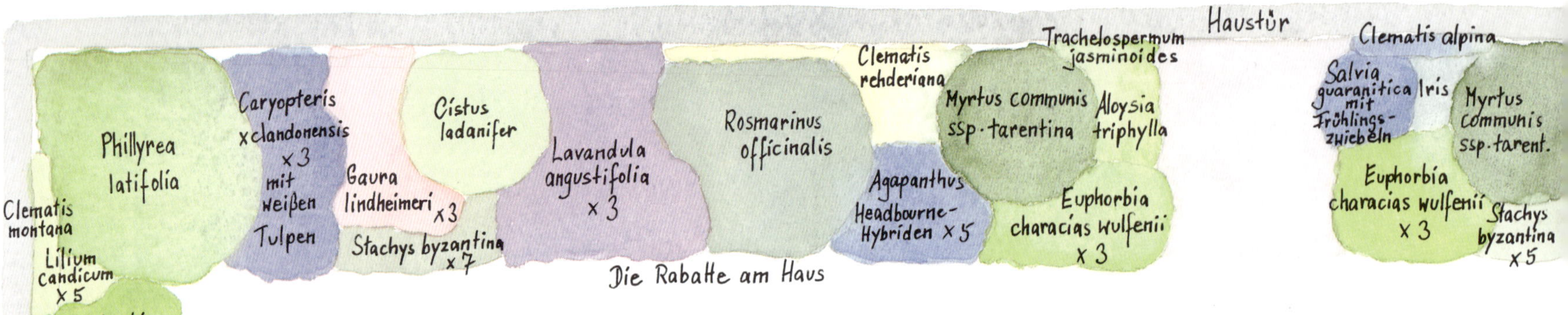
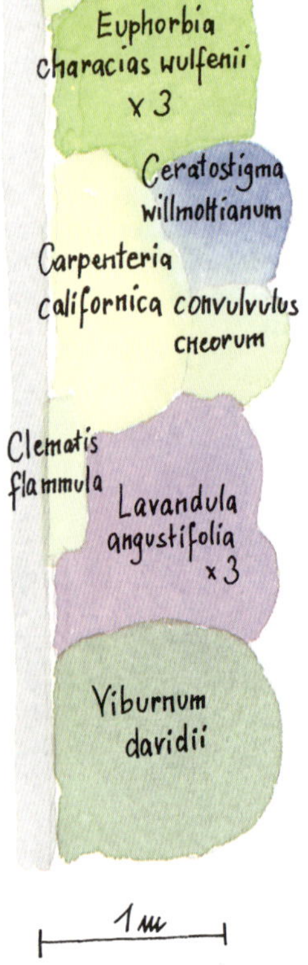

*Die neue Rabatte vor dem Haus hat Platz für Sträucher und Kletterpflanzen. Als Gegengewicht zur Mauer waren starke Pflanzen nötig. Große Wolfsmilch (*Euphorbia characias *ssp.* wulfenii*) wurden rechts und links von der Tür vor alte Myrtenbüsche (*Myrtus communis *ssp.* tarentina*) gesetzt. Ziest (*Stachys byzantina*) breitet sich über die Steine aus. Klematis, Rosen und Sternjasmin klettern empor, zu ihren Füßen wachsen Rosmarin und Lavendel.*

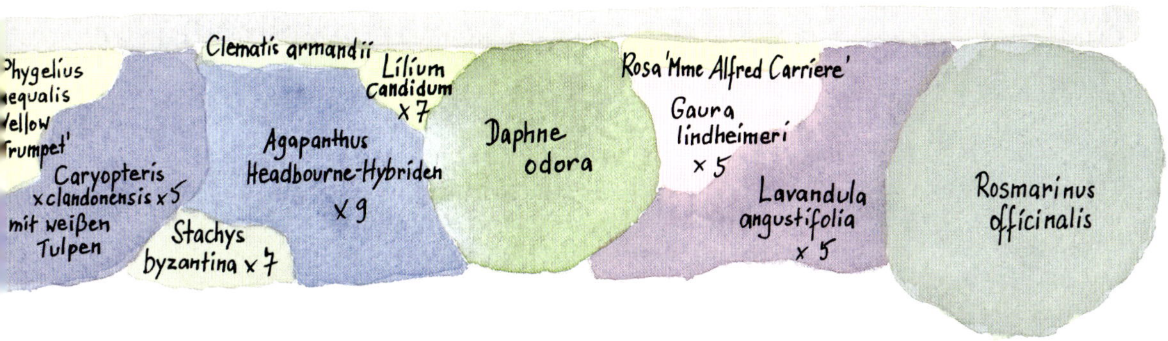

Sträucher und Kletterpflanzen hinzu sowie Stauden in kräftigem Gelb und Blau. Danach nahmen wir uns die Unterpflanzung des Mammutbaums vor, mit wenig Erfolg wegen des tiefen Schattens. Als nächstes sollten die Beete vorm Haus verbreitert werden, was eine Neuanlage des Terrassenwegs bedeutete. Ich hätte gerne die ganze Terrasse gepflastert und den Rand durch überwachsende Pflanzen gemildert. Am Ende einigten wir uns auf Kletterpflanzen und Sträucher, die die Mauern verkleideten, große kraftvolle Stauden und niedrige Gewächse, die locker über den Steinweg wuchsen. Wir waren uns nicht immer einig. Ich hätte lieber mehr um das Haus herum wachsen lassen, und außerdem wäre nach meiner Vorstellung eine Bepflanzung im vorderen Mittelteil sinnvoll gewesen, um den Tennisplatz zu verdecken. Ich schlug eine Pergola vor, die unterhalb des Hauses bis zur Mauer über der Tennisanlage laufen und mit Kletterpflanzen bedeckt werden sollte. Letztlich entschieden wir uns für ein Rankgerüst mit Klematis entlang der Mauerkrone. Vor kurzem gestalteten wir einen neuen Garten vor dem Frühstückszimmer in der geschützten Ecke oberhalb des Gemüsegartens. Er heißt „Villandry“, nach dem berühmten französischen Vorbild, und hat geometrische Buchsbeete mit sich wiederholenden Pflanzen in sanften Farben. Hier klappte die Zusammenarbeit bestens.

Nach all den Jahren habe ich festgestellt, daß die erste spontane Idee zu einem Garten fast immer richtig ist. Man sieht die Dinge beim ersten Mal am klarsten; später verwischt sich viel durch Gewöhnung. Erste Eindrücke sind keine „Schnellschüsse“, sondern das Ergebnis jahrelangen Beobachtens und Nachdenkens über Grundsätze und Notwendigkeiten. Ich fand, daß bei diesem Garten eine straffe Struktur nötig sei, aber ich habe gelernt, die Wünsche der Kunden zu erfüllen und nicht die „richtige

Das Beet unter der hohen Terrassenmauer richtet sich nach Osten. Hier wachsen zitronengelbe Taglilien (Hemerocallis lilioasphodelus *syn.* H. flava), *magentafarbener Storchschnabel* (Geranium psilostemon), *Falscher Jasmin und Klematis. Alle Mauern sind im Laufe der Jahre renoviert worden.*

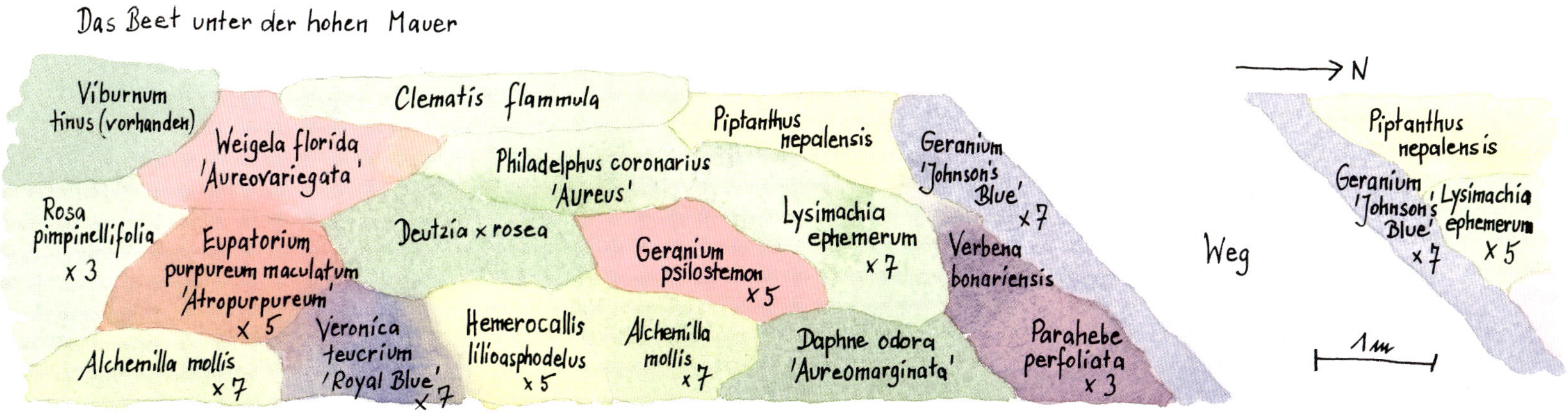

Lösung“ durchzusetzen. Es dauert zwar länger, aber das Ergebnis kann zufriedenstellend sein, wenn man jeden Schritt mit den Kunden zusammen geht. Wenn ich heute die Korrespondenz mit den Besitzern seit 1988 durchgehe, merke ich, wie sie anfänglich vor neuen Ideen zurückgeschreckt sind. Aber im Laufe der Jahre begannen sie, mir zu vertrauen. Für diese Ausdauer danke ich ihnen.

Die Sitzecke an der Süd-Ost-Seite des Hauses liegt windgeschützt. Die Sommerblüte des „Villandry-Gartens“ ist beschränkt auf weiße und blaue Blumen: Perovskia atriplicifolia *und Sommerhyazinthen* (Galtonia candicans).

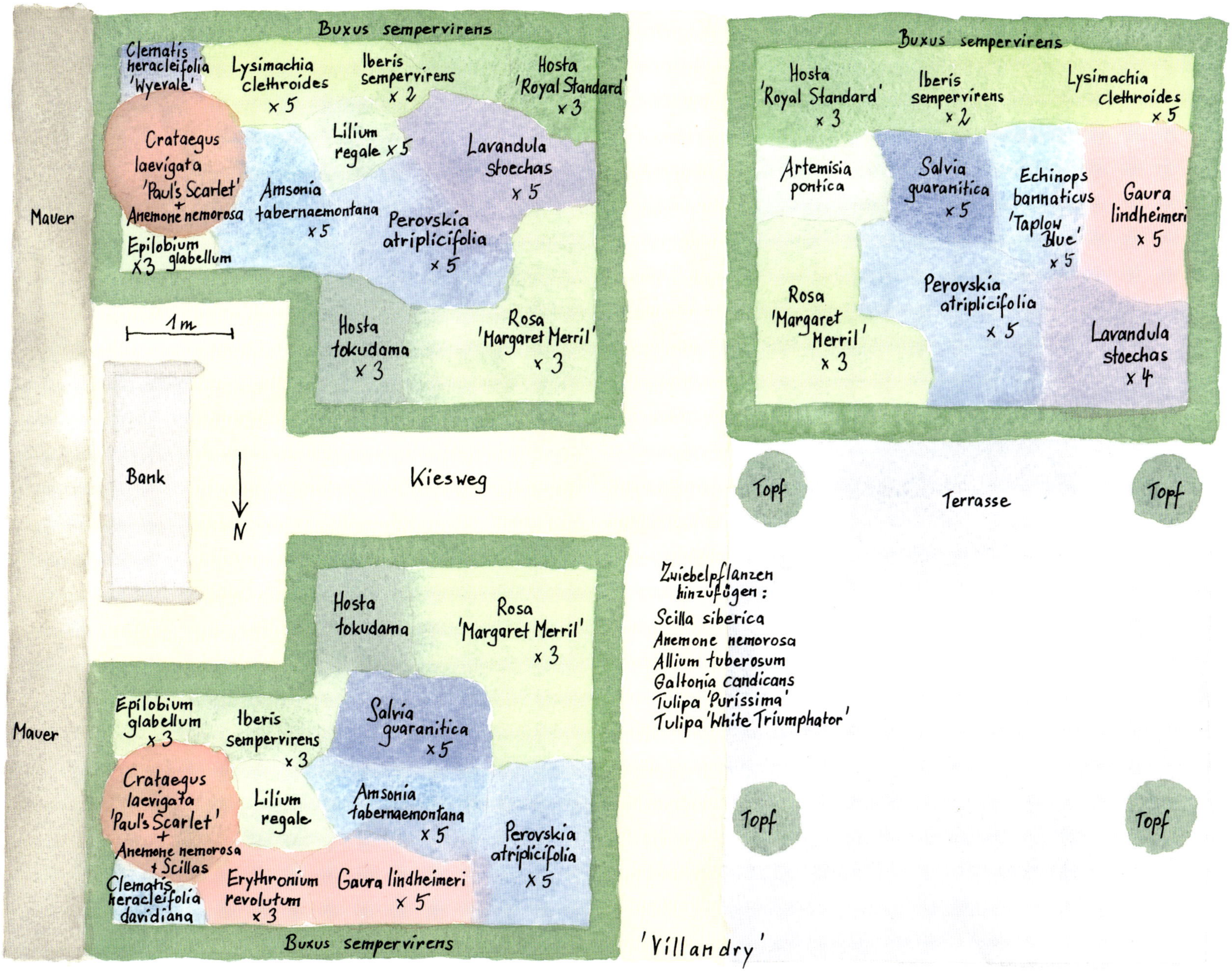

Blick von oben auf den Weg unterhalb der Mauer, im Hintergrund eine große Formschnittfigur und „Villandry" mit Buchshügeln. In den neuen Buchsbeeten blühen weiße Tulpen und Rotdorn (Crataegus laevigata 'Paul's Scarlet'), der sich zu breitkronigen Bäumen auf der Mauer entwickeln soll. Blausterne, Alliums, Lilien und Sommerhyazinthen sollen sich in den Beeten ausbreiten.

Ein formaler Kräutergarten

Der Präsident des Botanischen Gartens New York, Gregory Long, gab mir 1991 den Auftrag, den Nancy Bryan Luce (1929–87) gewidmeten Kräutergarten neu zu gestalten. Er sollte hauptsächlich eßbare und medizinische Pflanzen enthalten, aber auch solche, die zum Färben oder nur ihres Duftes wegen angebaut worden waren. (Das spezielle Beiwort *officinalis* in der botanischen Sprache bezeichnet Pflanzen mit tatsächlichem oder vermutetem medizinischem Wert; *tinctoria* steht für Färberpflanzen.)

Die Auswahl der Pflanzen entsprach denen, die von Dioskurides im 1. Jahrhundert n. Chr. beschrieben worden waren und besonders in den europäischen Klostergärten des Mittelalters angebaut wurden. Im 16. Jahrhundert wurden diese Anlagen zwar immer noch in erster Linie zu Nutzzwecken, aber zunehmend auch dekorativ gestaltet. Bis dahin hatte man Pflanzen nur wegen ihrer Nützlichkeit anerkannt und beschrieben, nun begann man auch die Schönheit ihrer Blüten zu schätzen. Mein Entwurf für den neuen Kräutergarten enthielt nur Nutzpflanzen, aber er sollte auch die Sinne erfreuen und natürlich lehrreich für die Besucher sein.

Ein traditioneller Kräutergarten enthält nützliche Pflanzen – Sträucher, Stauden, Zweijährige und Einjährige. Europäische Pflanzen wanderten als notwendiges Reisegepäck mit den ersten Siedlern nach Amerika – wie auch das übliche Muster einer Kräutergartenanlage. Aber bald hielten einheimische Pflanzen mit heilendem oder kulinarischem Wert, die Jahrhunderte vor den Europäern hier verwandt worden wa-

Gegenüberliegende Seite *Ein Blick über den Kräutergarten von einer der Bänke aus zeigt, wie die dichte Bepflanzung der Fiberglaskübel (oben) in den Ecken der zentralen Beete zu einem architektonischen Element wird. In diesem Lehrgarten sollten keine kostbaren Gegenstände untergebracht werden; die Versandhaus-Bänke sind auch eher bequem als luxuriös. Man hat sie etwas zurückgestellt, damit der Besucher die duftenden Blätter und Blüten in Reichweite hat. Die 1992 gepflanzten silberblättrigen Birnen hinter den Bänken beginnen jetzt, ihre ausgewachsene „Trauer"-Form und ihren graziösen Charme zu entwickeln.*

OBEN *Die einfache europäische 'heilige Verbene'* (Verbena *oder* sacra herba: Verbenae), *wie sie in Gerards Herbal (1597) beschrieben wird, wurde destilliert und als fiebersenkendes Mittel benutzt, das angeblich auch Zauberkraft haben sollte. Hier wächst die hübschere* Verbena rigida, *die im 19. Jahrhundert aus Südamerika kam und der man keine heilenden Kräfte nachsagt. In der Mitte jeder Sektion steht turmartig eine Japanische Stechpalme* (Ilex crenata *'Bennett's Compact'), die eine Wiederholung der symmetrisch gepflanzten hohen Stechpalmen* (I. c. *'Sentinel') an beiden Seiten des Eingangs ist.*

UNTEN *Markierung des „Knotengartens"*

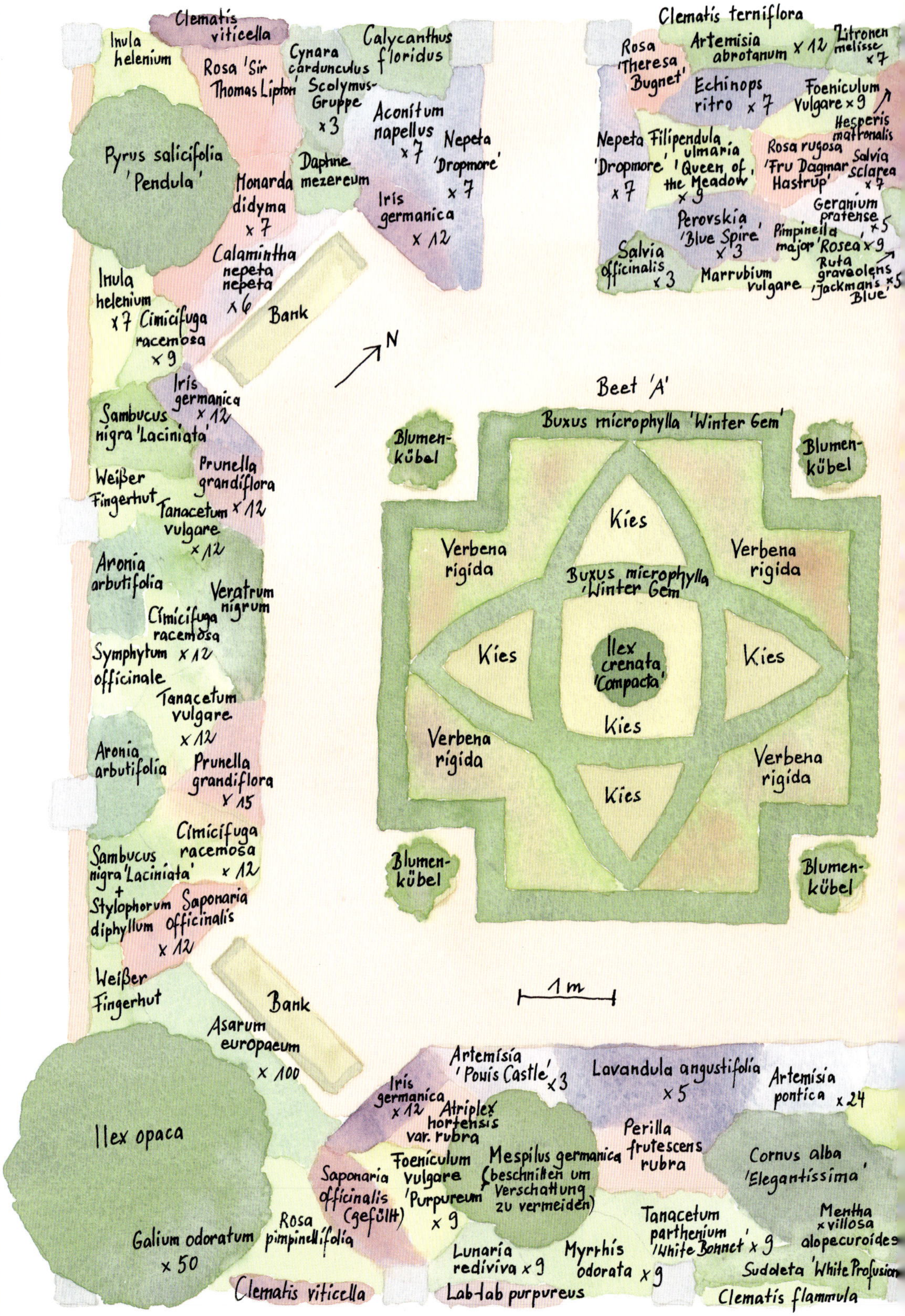

Oben *Dekorative einjährige Sonnenblumen* (Helianthus annuus) *werden als Lückenfüller zwischen die Stauden gepflanzt. Verholzter europäischer Salbei ist in New York winterfest, aber andere zarte Salbeiarten mit aromatischen Blättern werden wie die Sonnenblumen jährlich dazugesetzt. Die Sonnenblume wurde im 17. Jahrhundert von den Spaniern aus Südamerika nach Europa gebracht. Ursprünglich hieß sie 'Indianische Sonne' oder 'Goldblume aus Peru'. Sie wird bis zu vier Meter hoch. Gerard (1597) und Parkinson (1629) empfahlen die Knospen als Gemüse.*

Unten *Vorbereitungen für die Buchspflanzung*

ren, Einzug in die Gärten von Neuengland. Der Nancy-Bryan-Luce-Garten sollte europäische und amerikanische Kulturen zusammenführen. Es war deshalb naheliegend, eine europäische Beratung für dieses kulturgeschichtliche Konzept heranzuziehen, und ich fühlte mich sehr geehrt, als die Wahl auf mich fiel.

Der Botanische Garten liegt in der Bronx. Es herrschen Bedingungen der Klimazone 6, aber die Winter sind kälter und die Sommer trockener und heißer als in Großbritannien. Ich war erstaunt, daß fast alle Kräuter, die ich auch in England verwendet hätte, hier gediehen, aber wegen der heißen, trockenen Sommer mit einem Sprinklersystem regelmäßig bewässert werden mußten.

Für den neuen Kräutergarten wurden von den Mitarbeitern des Botanischen Gartens unter Leitung von Michael A. Ruggiero, der den Entwurf und die Ausführung vervollständigte, Pflanzen vermehrt und gezüchtet. Die Kräuter-Gärtnerin Lisa D. Cady pflegt die Anlage und fügt jedes Jahr einjährige Pflanzen in Töpfen oder in den Beeten hinzu. Viele der bekannten Kräuter wuchern stark und sehen besonders in heißen Sommern schnell unordentlich aus.

Die wesentlichen Beete liegen in diesem rechteckigen Garten entlang der Begrenzung. Kleine Bäume in jeder Ecke (Trauerbirnen, *Pyrus salicifolia* 'Pendula') schaffen Höhe und die notwendige Struktur im Winter, ohne zuviel Schatten zu werfen. In einer Ecke verblieb eine original amerikanische Stechpalme (*Ilex opaca*). Die Pflanzung – hauptsächlich sonnenhungrige Stauden – enthält auch Sträucher wie zum Beispiel Lavendel, Rosmarin, Salbei (*Salvia officinalis*, sowohl gelb- als auch rotblättrigen), den als Halbstrauch gezogenen, hübschen blauen Russischen Salbei (*Perovskia atriplicifolia*) mit seinen aromatischen Blättern und Rugosa-Rosen. Bänke unter den Bäumen laden zum Sitzen in diesem duftenden Garten ein.

Nach dem Muster eines klassischen Tudor-Knotengartens wurden die geschwungenen Beete in der Mitte mit Buchs eingefaßt – einer winterfesten Sorte des Japanischen Buchs (*Buxus microphylla* 'Winter Gem'). 1992, als der Garten eröffnet wurde, hatten wir die Gemeine Raute (*Ruta graveolens* 'Jackman's Blue') abwechselnd mit Kies in die Buchseinfassungen gesetzt. Neuerdings wird das lila-rosa Eisenkraut (*Verbena rigida*) statt der Raute gepflanzt. Fiberglaskübel an den acht Ecken des Knotengartens und Backsteinwege vervollständigen den Entwurf.

LINKS *Der Garten muß ständig bearbeitet werden, denn viele Kräuter säen sich reichlich aus und werden schnell struppig. Hier wächst Fenchel (*Foeniculum vulgare *'Purpureum') mit seinem bronzefarbenen Laub zusammen mit Schafgarbe (*Achillea millefolium*). In den Beeten dahinter bilden Ziergräser und Stauden größere Farbflächen.*

RECHTS *Blaßblau blüht im Spätsommer der Russische Salbei (*Perovskia atriplicifolia*) mit seinem grauen Laub, begleitet von silbrigen Artemisien. Erst seit 1904 aus Asien eingeführt, ist Russischer Salbei eigentlich kein klassisches Gewürzkraut, paßt aber wegen seiner aromatischen Blätter hierher. Als Halbstrauch wird er jedes Jahr ganz heruntergeschnitten. Durch die Bäume sieht man das Enid-A.-Haupt-Gewächshaus. Wärmespeichernde Backsteinwege durchziehen die ganze Anlage.*

Ein Licht- und Schattengarten

Rechts *Alte Eichen* (Quercus virginiana) *beschatten den neuen Wasserbecken-Garten beim Haus. Die sonnigen Randbeete sind dicht bepflanzt für eine lange Blühperiode. Man erkennt im Hintergrund einen Teil der Terrasse.*

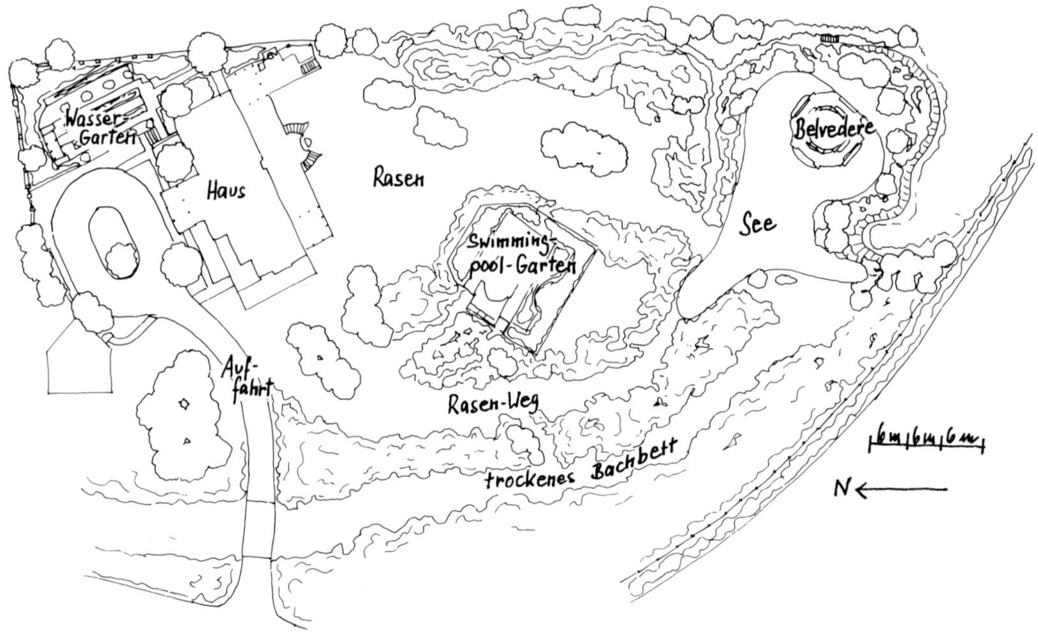

Im Juli 1990 rief mich Alex Sheshunoff aus Austin, Texas, an. Er hatte meine Nummer und die von dem Garten-Designer John Brookes von gemeinsamen Freunden bekommen. Er wählte eine der beiden Nummern und fragte nach John. Ich stellte mich vor und wollte ihm dessen Nummer geben, aber er lud mich sofort nach Texas ein, um seinen Garten zu gestalten. Wenn ich nicht zu Hause gewesen wäre, hätte er John angerufen.

Abgesehen von einem Sommeraufenthalt in Maine (wo ich ihnen einen weiteren Garten anlegen sollte, siehe Seite 138), leben und arbeiten Alex und Gabrielle Sheshunoff in Austin. Ihr Grundstück liegt zwischen zwei vielbefahrenen Straßen, und das 1926 im spanisch-italienischen Stil gebaute weiße Sandsteinhaus hat kühle, schattige Loggien, die Schutz vor der Sonne bieten. Die Sommer in Austin sind lang und heiß – warme, feuchte Luft strömt vom Golf von Mexiko herüber. Die Hitze und Feuchtigkeit verursachen viele Pilzkrankheiten, Sternrußtau und anderes. Die Winter sind nicht streng (die Temperatur fällt kaum bis minus 8 °C), aber plötzliche Wetterumschwünge machen es den Pflanzen schwer, sich zu akklimatisieren, und verbieten jede subtropische Vegetation. Durchschnittlich gelten 260 Tage als Vegetationsperiode. Der Boden in Austin ist alkalisch: sehr schwerer Lehm, in dem Wurzeln schnell faulig werden, wenn man nicht mit Sand und Gipskalk die Durchlüftung verbessert.

Die vorhandenen Bäume und der Wunsch nach Abgeschlossenheit bestimmten die Grundzüge; die Lage und das Klima gaben die Bepflanzung vor. Der Garten war (und ist immer noch) sehr grün, beherrscht von dem Baumschatten. Es gibt nur zwei sonnige Bereiche – einen an der nord-östlichen Hausseite, zu der ich einen Wasserbecken-Garten entwarf, und den Rasen, der nach Süden hin abfällt, wo wir mit Beeten an beiden Seiten eine Schutzbepflanzung für den Swimmingpool gestalteten. Später wurde noch ein See am Süd-Ost-Ende des Grundstücks angelegt.

Es gab schöne Bäume, wie Eichen (*Quercus virginiana*), Ulmen (*Ulmus crassifolia* – eine kleinere, elegante Ulme, die neu für mich war) und Yaupon (*Ilex vomitoria* – eine Stechpalme für trockene Bereiche, die ihren Namen als Brechreizmittel von amerikanischen Ureinwohnern bekommen hatte). Zwei wunderbare Hickorybäume (*Carya illinoiensis*) wuchsen auf der Gartenseite des Hauses. Ich machte hier meine ersten Erfahrungen mit einem derartigen

Baumbestand, obwohl ich solche Eichen schon in anderen Südstaaten gesehen und auch den aufrechten Wuchs und die graugrünen Blätter des Yaupon schnell liebgewonnen hatte. Eine gedrungenere Form wird für Hecken verwandt. Wir pflanzten sie am Fuße der Terrasse.

Ich wollte einen Garten, der sich fließend vom Haus entfernt, mit einer sonnigen, sanft geschwungenen Rasenfläche, umschlossen von einem dunklen Gehölzrand. Dabei mußte ich mit einigen Vorentscheidungen zurechtkommen: An beiden Seiten des Grundstücks war eine neue Mauer gebaut und der Eingang sowie die Auffahrt waren aus Bequemlichkeits- und Sicherheitsgründen abgetrennt worden. Und man hatte schnell festgestellt, daß eine Bepflanzung nötig war, um Einblicke und störendes Scheinwerferlicht bei Nacht zu verhindern. Als ich ankam, wurden gerade sechs oder sieben große Eichen, einige mit 21 Meter hohen Kronen und 60 Zentimeter Stammdurchmesser, auf riesigen, 4,8 Meter großen Baumscheiben angeliefert. Umgepflanzt aus einer Gegend, wo sie gefällt werden sollten, sind diese Bäume für die Nachwelt gerettet worden und mit Hilfe eines hydraulischen Umsetz-Systems haben sie eine 95prozentige Überlebenschance. Sie wurden eingepflanzt, bevor die Auf-

Oben links *Von der Terrasse hinter dem Haus führt, von zwei Hickorybäumen beschattet, eine zweiseitige Treppe auf den Rasen. Links wurden große Magnolien gepflanzt, um die Sicht auf das Nachbarhaus zu verdecken. Sternjasmin* (Trachelospermum jasminoides) *rankt duftend über die Mauer und die Balustrade.*

Links *Die großen Töpfe vor dem Eingang sind mit empfindlichen Palmen bepflanzt. Unter den Eichen wächst Bärenklau, der hier sein Laub das ganze Jahr behält. Die Atmosphäre vor dem Eingang ist bewußt grün und ruhig gestaltet.*

fahrt vor dem Haus fertiggestellt werden konnte.

Viele der Sträucher wurden als grüne Wandschirme gepflanzt, mit texanischen Gewächsen, die das Klima, den Boden und Halbschatten vertragen. Diese Gehölze werden gut gedeihen, wenn ihre Wurzeln einmal Fuß gefaßt haben: Kreuzdorn (*Rhamnus carolinianus*), Wüstenweide (*Chilopsis linearis*), Mexikanische Pflaume (*Prunus mexicana*), *Ungnadia speciosa*, Schneeball (*Viburnum rufidulum*), Schnurbaum (*Sophora secudiflora*) mit duftenden, dunkelrosa Blüten und immergrüner Essigbaum (*Rhus virens*). Sie alle mildern das gleißende Sonnenlicht des texanischen Sommers mit Temperaturen von über 37 °C. Andere Immergrüne sind große Magnolien, Kirschlorbeer (*Prunus caroliniana*) und die schönen Yaupons. Viele Exoten passen sich den Umständen an: Schneeball (*Viburnum tinus*), *Abelia* x *grandiflora*, Glanzmispeln (*Photinia*), Dattelpflaumen (*Diospyros kaki*) und asiatische Mahonien gedeihen in dem Garten.

Schatten- und trockenheitsverträgliche Bodendecker, wie Bärenklau, Schusterpalme, Liriope und Salbei, sind großflächig unter die Bäume gepflanzt worden, wo sie ohne Bewässerung auskommen können (besonders Eichen sind empfindlich in bezug auf künstliche Bewässerung), die von den Kolibris geliebte Beerenmalve (*Malviscus drummondii*) überlebt den dichtesten Schatten. Eine graublättrige Mahonie (*Mahonia trifoliata*) mit gelben Blüten und roten Johannisbeer-ähnlichen Früchten wächst als Bodendecker vor der Grundstücksmauer.

Rechts *Dekorative Töpfe mit üppiger Bepflanzung stehen an sonnigen Plätzen. Hier ist silbernes Kreuzkraut mit Rosmarin, Hornveilchen, Schleifenblume,* Pelargonium *und Stiefmütterchen von dem Chef-Gärtner Jim Tolstrup arrangiert worden.*

Die einzige Möglichkeit für traditionelle Rabatten boten die beiden offenen, sonnigen Bereiche. Nach dem Bau der Auffahrt ergab sich der Raum für den Wasserbecken-Garten. Eine schmale Rinne in der Mitte führt zu einer Pergola, die mit duftenden Kletterpflanzen bedeckt ist. Das Becken wird von einer dichten Bepflanzung gerahmt, die eine lange Blühsaison hat: Verbenen, Prachtkerzen (*Gaura lindheimeri*), Bleiwurz und blauer Dost (*Eupatorium coelestinum*) mischen sich mit Rosen und Kugelamarant (*Gomphrena*).

Empfindliche Sträucher, krautige Stauden und Zwiebelpflanzen genießen die Hitze. Rasenstreifen (St. Augustine Gras) mit jeweils vier Dattelpflaumenbäumen begrenzen das Wasserbecken; Rosmarin und Rosen breiten sich entlang dem Parkplatz aus.

Der Swimmingpool bekam einen Zaun (Vorschrift), der unter dichtem Bewuchs versteckt wurde. Er liegt nun im Halbschatten. Hier wachsen Agapanthus, *Ruellia caroliniensis* 'Blue Shade', Salvien (*S. regla* und *S. greggii*), Bletillas, rote Palmlilien (*Hespe-*

OBEN *Die Gestalt des Wasserbecken-Gartens entwickelt sich von der Pergola aus. Die Abstände der Pfeiler entsprechen sowohl der Beckenbreite als auch der Breite der Rabatten und der Pflasterwege. Duftende Kletterer, wie* Antigonon leptopus, *Jasmin, Klematis* (Clematis terniflora) *und Rosen* (Rosa laevigata *'Anemonoides'* und R. banksiae), *umschmeicheln das Gerüst. Einige südafrikanische Stauden, wie* Kniphofia, Tulbaghia *und Hakenlilien, wachsen in den Blumenbeeten.*

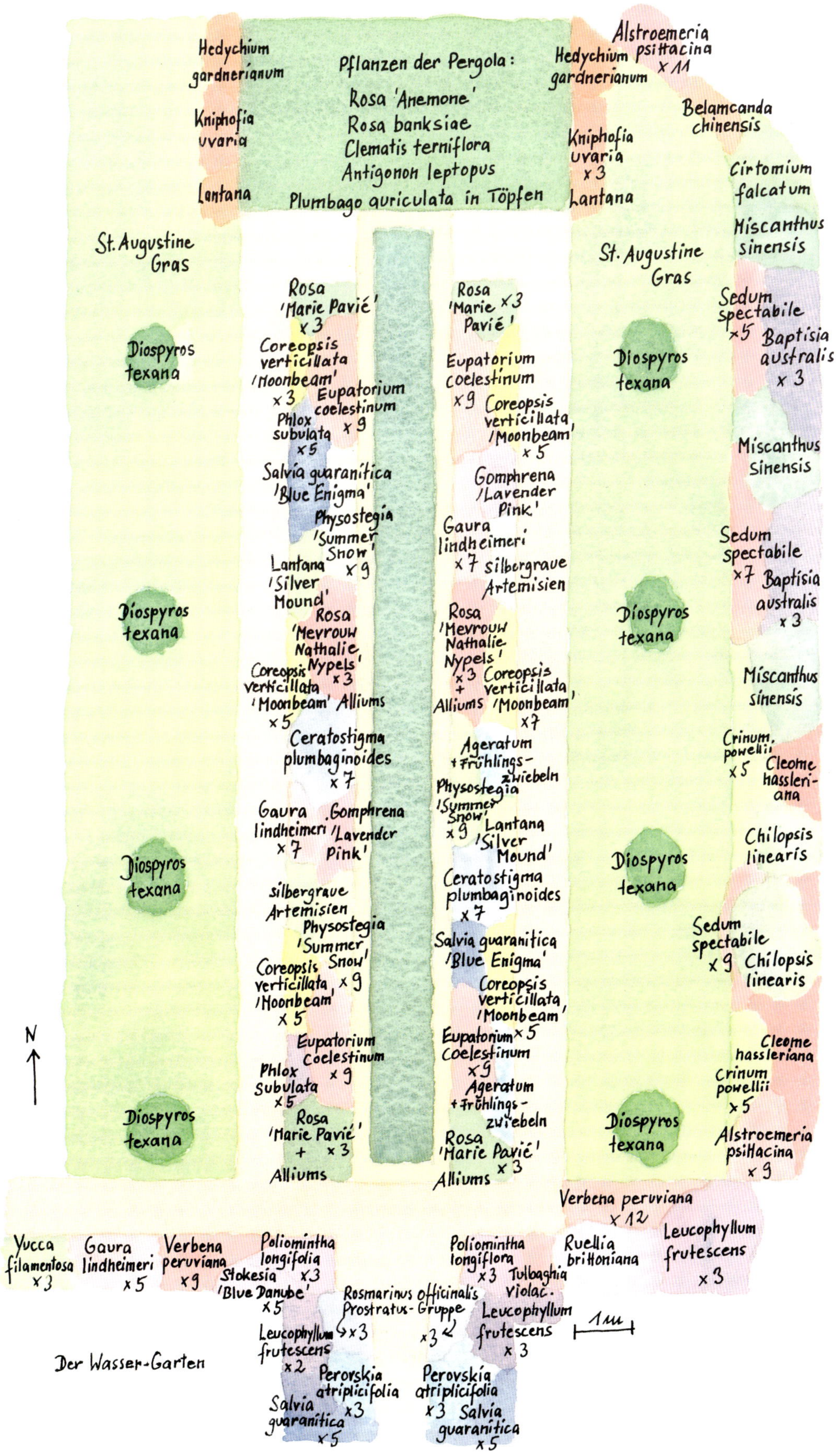

Oben *Großblumige Klematis-Hybride*

Unten *Prachtkerze* (Gaura lindheimeri)

Unten *Bleiwurz* (Plumbago auriculata)

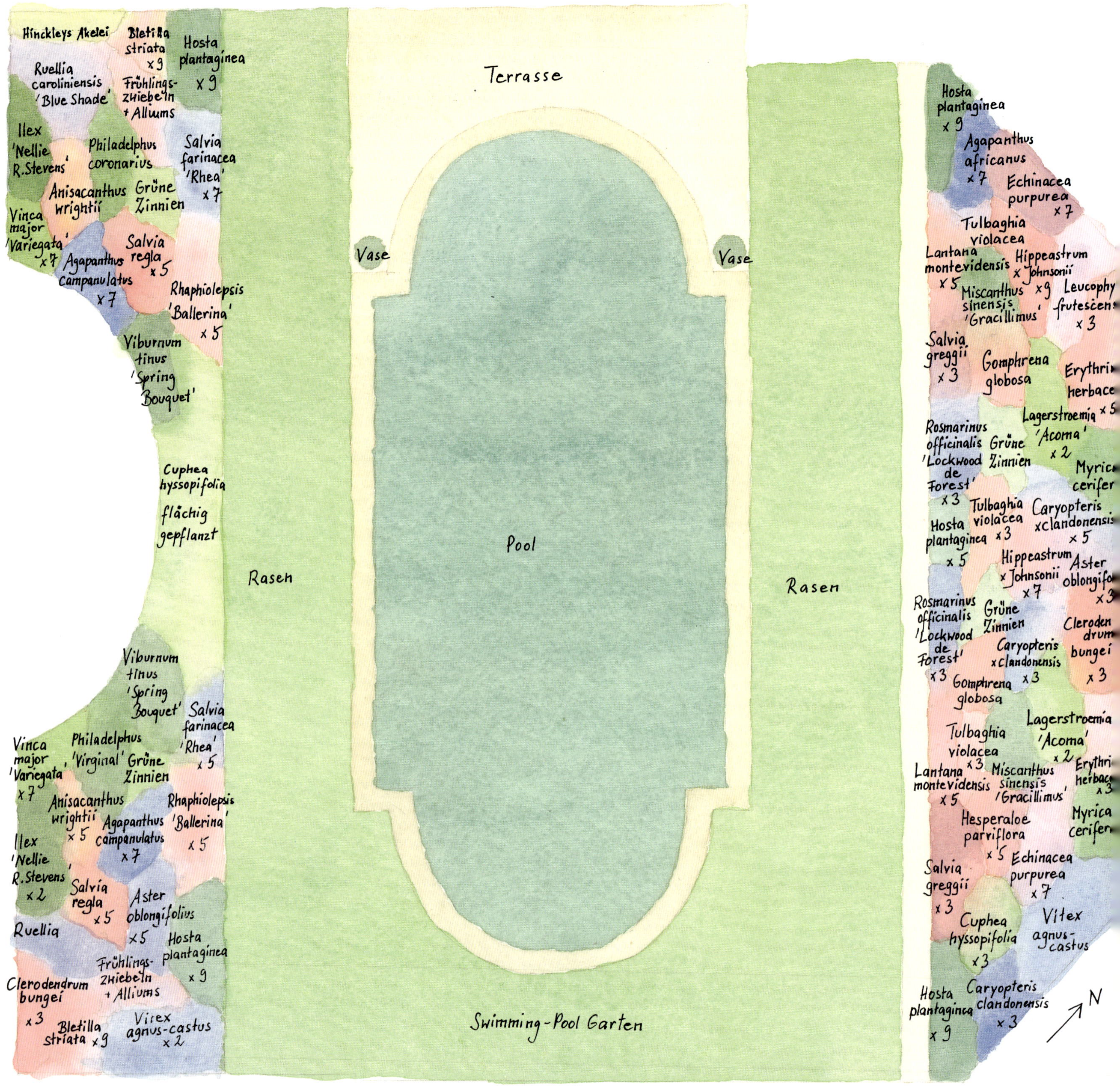
Terrasse
Vase
Vase
Pool
Rasen
Rasen
Swimming-Pool Garten
N
Hinckleys Akelei
Bletilla striata x 9
Hosta plantaginea x 9
Ruellia caroliniensis 'Blue Shade'
Frühlingszwiebeln + Alliums
Ilex 'Nellie R. Stevens'
Philadelphus coronarius
Salvia farinacea 'Rhea' x 7
Anisacanthus wrightii
Grüne Zinnien
Vinca major 'Variegata' x 7
Salvia regla x 5
Agapanthus campanulatus x 7
Rhaphiolepsis 'Ballerina' x 5
Viburnum tinus 'Spring Bouquet'
Cuphea hyssopifolia flächig gepflanzt
Viburnum tinus 'Spring Bouquet'
Salvia farinacea 'Rhea' x 5
Vinca major 'Variegata' x 7
Philadelphus 'Virginal'
Grüne Zinnien
Anisacanthus wrightii x 5
Rhaphiolepsis 'Ballerina' x 5
Agapanthus campanulatus x 7
Ilex 'Nellie R. Stevens' x 2
Salvia regla x 5
Aster oblongifolius x 5
Ruellia
Hosta plantaginea x 9
Frühlingszwiebeln + Alliums
Clerodendrum bungei x 3
Bletilla striata x 9
Vitex agnus-castus x 2
Hosta plantaginea x 9
Agapanthus africanus x 7
Echinacea purpurea x 7
Tulbaghia violacea
Lantana montevidensis x 5
Hippeastrum x Johnsonii x 9
Miscanthus sinensis 'Gracillimus'
Salvia greggii x 3
Gomphrena globosa
Lagerstroemia 'Acoma' x 2
Rosmarinus officinalis 'Lockwood de Forest' x 3
Grüne Zinnien
Tulbaghia violacea x 3
Caryopteris x clandonensis x 5
Hosta plantaginea x 5
Hippeastrum x Johnsonii x 7
Rosmarinus officinalis 'Lockwood de Forest' x 3
Grüne Zinnien
Caryopteris x clandonensis x 3
Clerodendrum bungei x 3
Gomphrena globosa
Lagerstroemia 'Acoma' x 2
Tulbaghia violacea x 3
Lantana montevidensis x 5
Miscanthus sinensis 'Gracillimus'
Hesperaloe parviflora x 5
Echinacea purpurea x 7
Salvia greggii x 3
Cuphea hyssopifolia x 3
Vitex agnus-castus
Hosta plantaginea x 9
Caryopteris clandonensis x 3

RECHTS *Aus dem Steinrelief an der Mauer am Ende des Swimmingpools tröpfelt das Wasser in ein Brunnenbecken, umrahmt von frostempfindlichen Blattpflanzen.*

UNTEN *Der Pool lag völlig frei und ist nun geschützt durch dichte immergrüne Bäume und Sträucher. An beiden Seiten liegen Rabatten im Halbschatten. Der Beckenrand, die Mauer und das Pflaster sind aus Kalksandstein, ähnlich dem des Wohnhauses. Die Töpfe auf der Terrasse werden das ganze Jahr von Jim Tolstrup mit Blumenschmuck bepflanzt. Wenn die Sheshunoffs im Sommer in Maine sind, nutzt Jim diese Gelegenheit, um die Töpfe neu zu gestalten und die Stauden zurückzuschneiden, damit sie bei ihrer Rückkehr wieder blühen.*

raloe parviflora) und Akelei (*Aquilegia chrysantha* var. *hinckleyana*) mit einer Menge von Köcherblümchen (*Cuphea hyssopifolia*), die im Sommer und teilweise im Winter blühen.

Das letzte Projekt war ein See mit einem Gebäude am tiefer gelegenen Ende des Gartens. In Anlehnung an das Belvedere des Petit Trianon in Versailles scheint es auf dem Wasser zu schwimmen. Eine dichte Bepflanzung versteckt Teich und Gebäude vor den Blicken vom Haus aus, und dahinter dämpft ein dicht bepflanzter Lärmschutzwall die Geräusche der angrenzenden Straße.

OBEN *Der Blick über den Rasenweg, unter Eichen und Ulmen hindurch zu dem von Iris gesäumten Teich. Die gebogenen Äste rahmen die Aussicht auf das Wasser mit dem dahinter versteckten Belvedere.*

LINKS *Die Pflanzen im und um den Teich sind hauptsächlich einheimische, um eine natürliche Wirkung zu erzielen. Hier ergänzen sich die unterschiedlichen Formen von* Iris laevigata *und Zypergras großflächig am Uferrand.*

RECHTS *Das Belvedere am unteren Ende des Gartens – ein Überraschungsmoment – scheint auf dem Wasser zu schwimmen und erinnert an den Musiktempel in High Wycombe. Die Seerosen segeln wie Wolken auf der stillen Oberfläche.*

OBEN *Der Blick entlang der Süd-West-Achse führt in die Landschaft, der gemähte Streifen ist eine Verlängerung des Ziegel- und Flintsteinwegs.*

UNTEN *In den Beeten entlang dem Hauptweg blühen im Juli* Allium multibulbosum *sowie Katzenminze* (Nepeta *'Six Hills Giant') und später Dost* (Eupatorium maculatum *'Atropurpureum'), Bartblumen* (Caryopteris x clandonensis) *und Herbstanemonen 'Prinz Heinrich'.*

Ein von Mauern umschlossener Garten

Im November 1991 wurden wir aufgefordert, Gestaltungsvorschläge für die Wiederherstellung eines achteckigen, ummauerten Gartens aus dem 18. Jahrhundert in Buckinghamshire einzureichen. Das Haus war restauriert worden, und die Familie, kaum richtig eingezogen, überlegte, wie der Garten zu nutzen sei.

Die Leitung und Beratung lag bei Christopher Gibbs, dessen guter Geschmack und Urteilsfähigkeit Garanten für einen erstklassigen Gartenentwurf sind. Deshalb trugen wir ihm unsere Pläne vor.

Die ersten Schritte waren rein formale Überlegungen und nicht so sehr blumig-dekorative. Wir mußten vorsichtig zwischen Wünschen und Erfordernissen abwägen. Man wollte Obst und Gemüse, viele Schnittblumen, aber auch Gelegenheiten zur Erholung und um sich zurückzuziehen. Gleichzeitig mußten die Bedürfnisse der Gärtner berücksichtigt werden: breite Wege für kleine Traktoren und Transportwagen; alle Bereiche sollten bequem zu erreichen sein, und arbeitsaufwendige Blumenbeete mußten auf ein Minimum beschränkt werden.

Die Lage selbst zwang uns zu weiteren praktischen Überlegungen. Der Garten liegt in einem kühlen Tal, 150 Meter über dem Meeresspiegel, und ist umgeben von steil aufragenden Kalksteinwänden mit überhängenden Buchenwäldern. Das ist sehr malerisch, aber der Garten bekommt im Winter kaum Sonne; die Frostperiode ist lang, der Frühling kommt spät, und der Herbst ist kühl, da die niedrige Sonne früh untergeht. Der Boden ist stark alkalisch und trocknet rasch aus.

Wo sollten wir beginnen? Wir fanden den entscheidenden Hinweis im Hausarchiv: In den Jahren um 1780 hatten die damaligen Besitzer den Landschaftsgestalter Richard Woods beauftragt, Verbesserungsvorschläge für die Anlage zu machen. Einiges hatte man umgesetzt, aber wir fanden einen Plan, der den von Mauern umschlossenen Garten durch ein breites Wegekreuz in vier Teile schnitt. Das überzeugte uns sofort, und wir übernahmen Woods' Idee – fast zweihundert Jahre später.

Nachdem diese wichtige Grundsatzentscheidung getroffen war, entwickelte sich der übrige Entwurf fast von selbst. Die vier breiten Wege würden in einem zentralen Achteck zusammenlaufen. Sie sollten mit Eibenhecken gesäumt werden, um klare Strukturen zu entwickeln, und der Platz sollte mit acht weißblühenden Zieräpfeln (*Malus hupehensis*) bepflanzt werden. Von hier führten dann Eibenbögen in die vier Bereiche: den Schnittblumengarten, den großen Rasen, den Gemüsegarten und das Freilufttheater.

Der Haupteingang wurde zur höher gelegenen Nordseite verlegt und eine neue

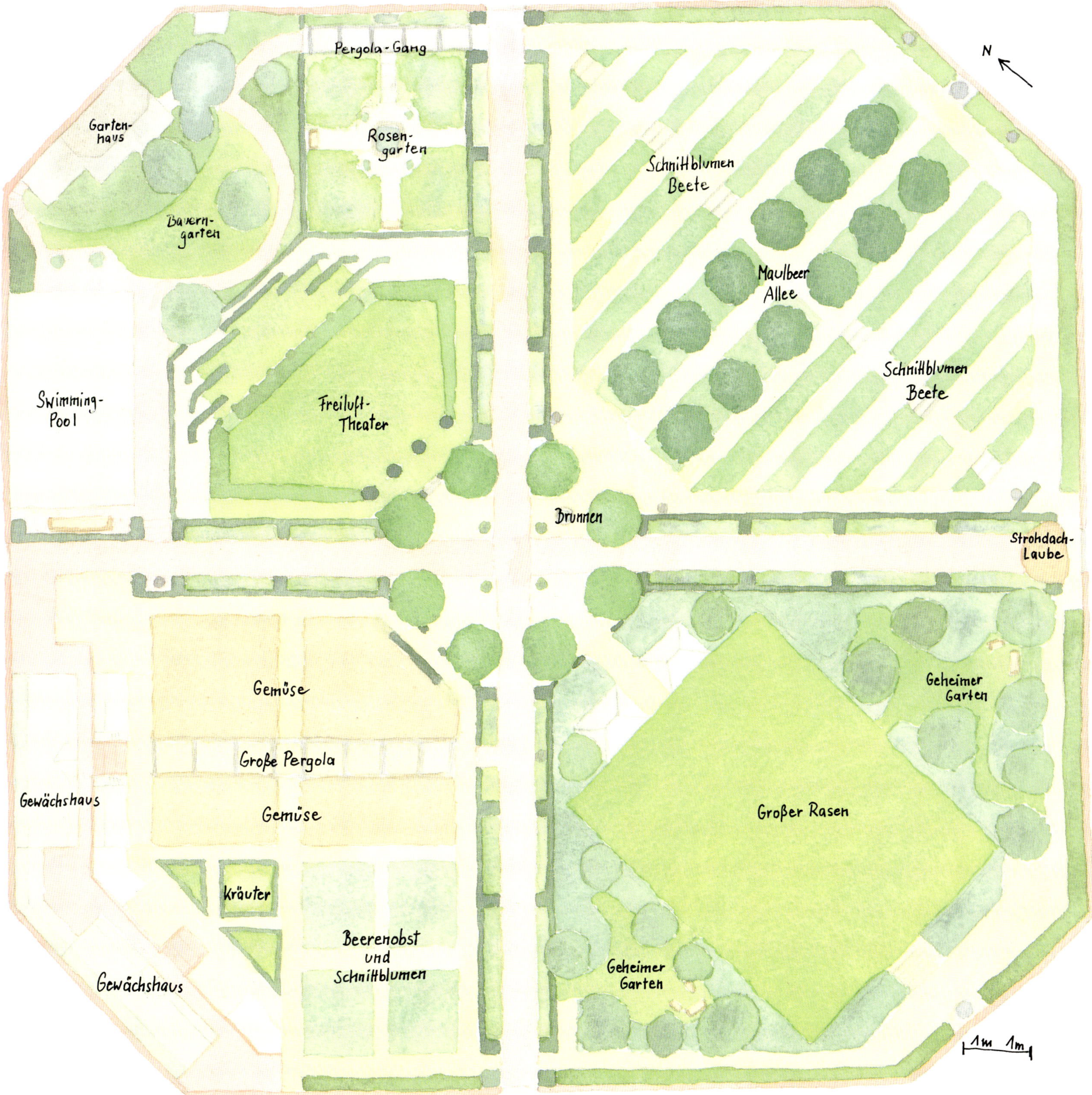
Pergola-Gang
Rosengarten
Gartenhaus
Bauerngarten
Schnittblumen Beete
Maulbeer Allee
Schnittblumen Beete
N
Swimming-Pool
Freiluft-Theater
Brunnen
Strohdach-Laube
Gemüse
Große Pergola
Gemüse
Gewächshaus
Kräuter
Beerenobst und Schnittblumen
Gewächshaus
Geheimer Garten
Großer Rasen
Geheimer Garten
1m 1m

Öffnung angelegt, um über den ganzen Garten hinweg die sanft geschwungene Landschaft sichtbar zu machen. Ein zweites Tor entstand am tiefer gelegenen Teil, und von dort führt eine Blickachse in die Landschaft. Sie verläuft über eine gemähte Schneise zwischen den Bäumen hindurch, und der Effekt wird noch verstärkt, indem an ihrem Ende die Bäume ausgedünnt wurden, um einen Eingang zu suggerieren.

Das Wegekreuz besteht aus Ziegel- und Flintsteinen, passend zu den Mauern. Der schmale Flintstreifen betont ihre Länge, und die wehrartige Eibenhecke gibt dem Ganzen einen Rhythmus. Die Bepflanzung vom Haupteingang zum Gemüsegarten ist hauptsächlich in Blau, Grau und Weiß gehalten, mit kleinen hellgelben, dunkelrosa und weinroten Akzenten. Der kreuzende Weg, der zum Sommerhaus an der Süd-Ost-Seite führt, sollte Beete in Gelb und Weiß bekommen.

Wir planten ein Viertel für den Schnittblumengarten, und was anfänglich fast übertrieben schien, erwies sich später als richtige Entscheidung. Nachdem sich die Familie eingelebt hat, kommt dieser Garten richtig zur Geltung, und enorme Mengen an Blumen werden ins Haus gebracht. Die Anlage sollte so praktisch wie möglich sein, mit 2 Meter breiten Beeten und Wegen dazwischen. Eine Maulbeerenallee (*Morus alba*) betont die Mittelachse. Das Farbschema entwickelt sich von Weiß über Pastell bis zu den warmen Farben in der Mitte und dann wieder zurück zu Pastelltönen.

Christopher legte Wert darauf, daß die Farben flächig erscheinen und keine geraden Linien bilden; sie sollten sowohl der

*In der Mitte des Schnittblumengartens unter den Maulbeerbäumen glühen knallrote Montbretien (*Crocosmia *'Lucifer') in einem Meer aus Dill, der an Ort und Stelle ausgesät wird.*

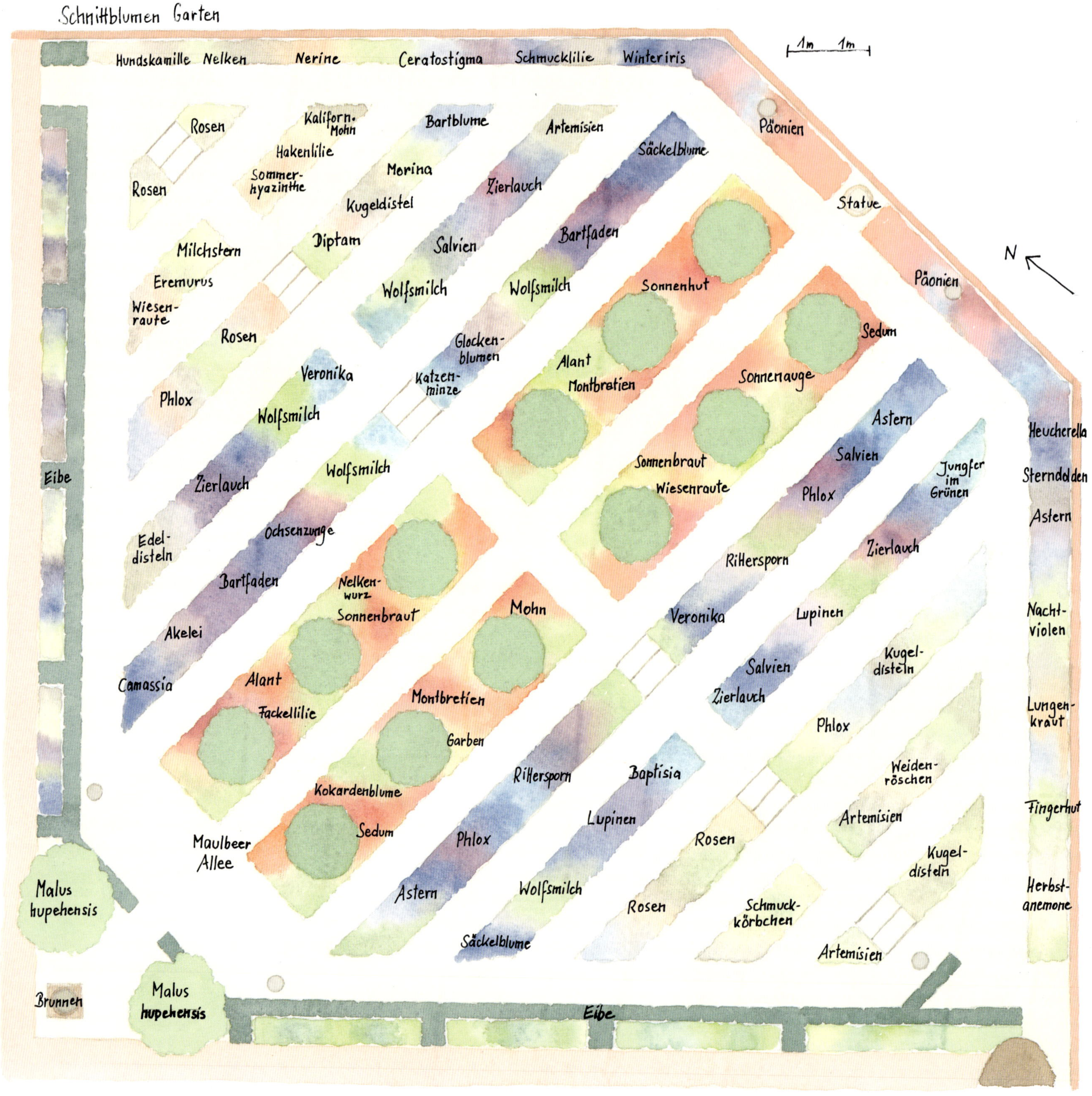
Schnittblumen Garten
Hundskamille
Nelken
Nerine
Ceratostigma
Schmucklilie
Winteriris
1m
1m
Rosen
Kaliforn. Mohn
Bartblume
Artemisien
Säckelblume
Päonien
Rosen
Hakenlilie
Sommer-hyazinthe
Morina
Zierlauch
Statue
Kugeldistel
Milchstern
Diptam
Salvien
Bartfaden
N
Eremurus
Wiesen-raute
Wolfsmilch
Wolfsmilch
Sonnenhut
Päonien
Rosen
Glocken-blumen
Sedum
Alant
Phlox
Veronika
Katzen-minze
Montbretien
Sonnenauge
Wolfsmilch
Astern
Heucherella
Salvien
Eibe
Zierlauch
Wolfsmilch
Sonnenbraut
Jungfer im Grünen
Sterndolden
Wiesenraute
Phlox
Astern
Ochsenzunge
Edel-disteln
Rittersporn
Zierlauch
Bartfaden
Nelken-wurz
Mohn
Lupinen
Nacht-violen
Akelei
Sonnenbraut
Veronika
Kugel-disteln
Camassia
Alant
Salvien
Zierlauch
Lungen-kraut
Fackellilie
Montbretien
Phlox
Garben
Rittersporn
Baptisia
Weiden-röschen
Fingerhut
Kokardenblume
Lupinen
Artemisien
Maulbeer Allee
Sedum
Phlox
Rosen
Kugel-disteln
Malus hupehensis
Astern
Wolfsmilch
Rosen
Schmuck-körbchen
Herbst-anemone
Säckelblume
Artemisien
Malus hupehensis
Brunnen
Eibe

Ein Blick Richtung Süden über den Schnittblumengarten zum rustikalen Sommerhaus, das am Ende eines der Wege liegt, die den ummauerten Garten teilen. Ein Blickfang sind die Maulbeerbäume, deren Laub relativ spät erscheint und deshalb noch frisch und glänzend ist, wenn anderes Blattwerk schon matt geworden ist. Die Blumen sind flächig gepflanzt und nicht in Reihen, so daß lockere Farbbänder entstehen, die sich durch den Garten weben. Viele Einjährige sind dazwischen, damit es immer viel zu pflücken gibt und die Beete in Farben und Formen schwelgen.

Links *An geschützten Stellen, am Rand des großen Rasens, verengt sich der Garten zu kleinräumigen Sitzplätzen. Die lockere, naturnahe Bepflanzung enthält Storchschnabel, Taglilien, Fingerhut, Felsenmispel* (Cotoneaster *'Cornubia'), Perückenstrauch und Hartriegel* (Cornus kousa).

Rechts oben *Der Blick über das Pool-Haus zum Freilufttheater, das für Musikveranstaltungen gedacht ist. Buchskegel am Rand der Bühne verdecken die Scheinwerfer.*

Rechts unten *In einem gut bewirtschafteten Garten sind einige Gewächshäuser ihre Anschaffung wert. Sie liefern Pflanzen für Garten und Wohnung; hier wachsen empfindliches Obst und Gemüse; Topfpflanzen aus dem Haus können sich regenerieren. Die tief gelegenen Warmbeete, typisch für die viktorianische Zeit, halten hohe Temperaturen, bei denen man Melonen ziehen kann.*

Ästhetik als auch dem Praktischen dienen: Die Blumen stehen in großen Gruppen, das macht das Pflücken einfach, und sie verschwimmen miteinander und ergeben ein schönes Bild. Nach zwei Jahren sieht der Garten bunt und üppig aus; wenn man Blumen pflückt, entstehen keine häßlichen Lücken.

Unterhalb des Schnittblumengartens liegt der große Rasen. Diese breite grüne Fläche ist ein notwendiger Gegensatz zu dem unruhigen übrigen Garten. Sie ist umgeben von Buchenhecken und hat als Krönung zwei Segeltuchzelte, in Anlehnung an mittelalterliche Lager, entworfen von Kenneth Topp. Sie beherbergen Tische und Bänke. Hinter den Hecken liegen zwei naturnahe, versteckte Gärten.

Im Gemüsegarten waren etliche Glashäuser, die schon vor Jahren zusammengefallen waren. Statt die Holzkonstruktion zu erneuern, baten wir die Firma Alitex, die pulverbeschichtete Aluminiumrahmen verwendet, für uns zu arbeiten. Das Ergebnis einer Kombination aus moderner Technik und traditionellem Äußeren ist gelungen, und der Chef-Gärtner Andrew Banbury kann neben der An- und Vorzucht von Gemüse und Blumen Orchideen und andere Exoten züchten. Im übrigen Teil, gegliedert durch eine mit Blauregen bewachsene Eichen-Pergola, werden Gemüse, Beerenobst, Kräuter und weitere Schnittblumen gezogen.

Abgesehen von der schwierigen Lage kann man mit dem Boden, wenn er sich einmal erwärmt hat, gut arbeiten; auch die Drainage ist zufriedenstellend. Aber er braucht Nahrung, und jedes Jahr werden riesige Mengen Rottematerial untergegraben; am besten gut abgelagerter Mist und ausgedienter Champignonkompost. Aber bei dem hohen alkalischen Wert des Bodens ist wegen des Kalk- und Gipsanteils des Pilzkomposts Vorsicht geboten. Er sollte möglichst gut abgelagert sein.

Das Viertel oberhalb des Gemüsegartens beherbergt vier wichtige Elemente: einen überdachten Swimmingpool, der wie ein Gewächshaus verkleidet ist; einen Bauerngarten vor einem Gartenhaus; ein Freilufttheater und einen kleinen Rosengarten. Dort führt eine mit Rosen geschmückte Pergola, unterpflanzt mit schattenverträglichen Funkien und Salomonssiegel, zu Sitzplätzen, die von dichtbepflanzten Beeten mit Rosen, Stauden und Zwiebelpflanzen umgeben sind. Ein achteckiges Wasserbecken aus Ziegel- und Natursteinen produziert das sanfte Geräusch plätschernden Wassers.

Die architektonische Anlage des ummauerten Gartens war Ende 1992 fertiggestellt, und im nächsten Frühjahr begannen wir mit dem Pflanzen. Unter der sorgfältigen Pflege der Gärtner hat sich der Garten wieder entfaltet. Es war eine Ehre für mich, so entscheidend an dem Erwachen dieser schlafenden Schönheit mitgewirkt zu haben.

LINKS *Ein Blick nach Süden von der Pergola über den Rosengarten zum großen Rasen. Dieser geschützte Bereich mit seinem plätschernden Wasserbecken, hübschen Eichenbänken und Terrakottakübeln mit Buchskugeln wird das ganze Jahr über genutzt. Rosen blühen nur kurz, deshalb wurde die Anlage ergänzt durch viele Zwiebelpflanzen und Stauden, um verschwenderische Fülle vom Frühjahr bis zum Herbst zu garantieren.*

Rosa *'Roseraie de l'Haÿ'*

Rosa *'Reine des Violettes'*

Rosa *'Tuscany Superb'*

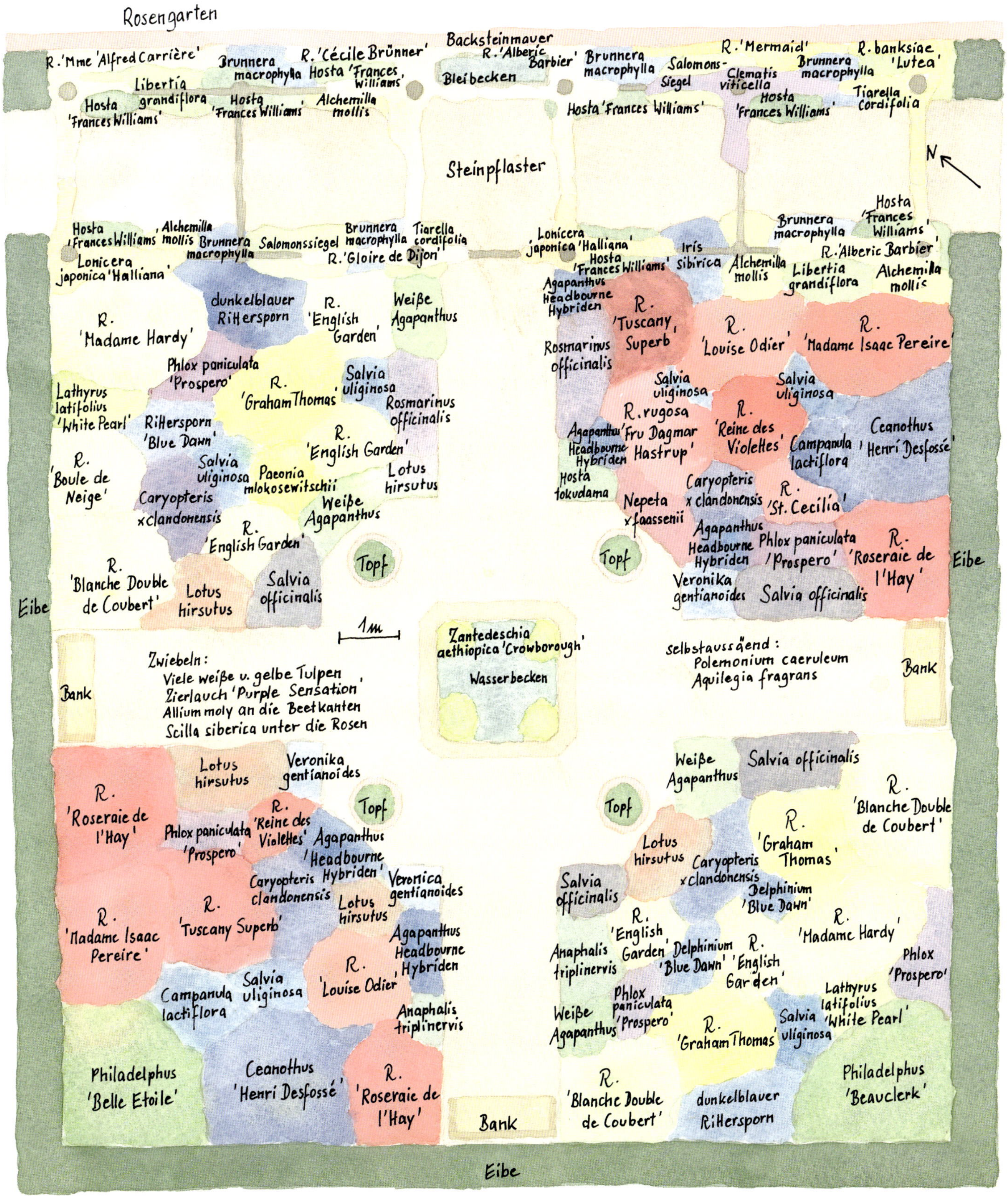
Rosengarten
Backsteinmauer
R. 'Mme Alfred Carrière'
Brunnera macrophylla
R. 'Cécile Brünner'
R. 'Alberic Barbier'
Bleibecken
Brunnera macrophylla
R. 'Mermaid'
Salomons-Siegel
Clematis viticella
Brunnera macrophylla
R. banksiae 'Lutea'
Libertia grandiflora
Hosta 'Frances Williams'
Hosta 'Frances Williams'
Hosta 'Frances Williams'
Alchemilla mollis
Hosta 'Frances Williams'
Hosta 'Frances Williams'
Tiarella Cordifolia
Steinpflaster
N
Hosta 'Frances Williams'
Alchemilla mollis
Brunnera macrophylla
Salomonssiegel
Brunnera macrophylla
Tiarella cordifolia
R. 'Gloire de Dijon'
Lonicera japonica 'Halliana'
Lonicera japonica 'Halliana'
Hosta 'Frances Williams'
Iris sibirica
Alchemilla mollis
Brunnera macrophylla
Hosta 'Frances Williams'
R. 'Alberic Barbier'
Libertia grandiflora
Alchemilla mollis
dunkelblauer Rittersporn
R. 'English Garden'
Weiße Agapanthus
R. 'Madame Hardy'
Agapanthus Headbourne Hybriden
R. 'Tuscany Superb'
R. 'Louise Odier'
R. 'Madame Isaac Pereire'
Phlox paniculata 'Prospero'
R. 'Graham Thomas'
Salvia uliginosa
Rosmarinus officinalis
Rosmarinus officinalis
Salvia uliginosa
Salvia uliginosa
Lathyrus latifolius 'White Pearl'
Rittersporn 'Blue Dawn'
R. 'English Garden'
R. rugosa 'Fru Dagmar Hastrup'
R. 'Reine des Violettes'
Ceanothus 'Henri Desfossé'
Agapanthus Headbourne Hybriden
Campanula lactiflora
R. 'Boule de Neige'
Salvia uliginosa
Paeonia mlokosewitschii
Lotus hirsutus
Hosta tokudama
Caryopteris × clandonensis
R. 'St. Cecilia'
Caryopteris × clandonensis
Weiße Agapanthus
Nepeta × faassenii
R. 'English Garden'
Agapanthus Headbourne Hybriden
Phlox paniculata 'Prospero'
R. 'Roseraie de l'Hay'
Topf
Topf
Eibe
R. 'Blanche Double de Coubert'
Lotus hirsutus
Salvia officinalis
Veronika gentianoides
Salvia officinalis
Eibe
1m
Zantedeschia aethiopica 'Crowborough'
Wasserbecken
selbstaussäend:
Polemonium caeruleum
Aquilegia fragrans
Zwiebeln:
Viele weiße u. gelbe Tulpen,
Zierlauch 'Purple Sensation'
Allium moly an die Beetkanten
Scilla siberica unter die Rosen
Bank
Bank
Lotus hirsutus
Veronika gentianoides
Weiße Agapanthus
Salvia officinalis
R. 'Roseraie de l'Hay'
Topf
Topf
R. 'Blanche Double de Coubert'
R. 'Reine des Violettes'
Phlox paniculata 'Prospero'
Agapanthus 'Headbourne Hybriden'
Lotus hirsutus
R. 'Graham Thomas'
Caryopteris clandonensis
Veronica gentianoides
Caryopteris × clandonensis
Salvia officinalis
Delphinium 'Blue Dawn'
R. 'Tuscany Superb'
Lotus hirsutus
R. 'Madame Isaac Pereire'
Agapanthus Headbourne Hybriden
R. 'English Garden'
R. 'Madame Hardy'
Anaphalis triplinervis
Delphinium 'Blue Dawn'
R. 'English Garden'
Phlox 'Prospero'
R. 'Louise Odier'
Salvia uliginosa
Campanula lactiflora
Anaphalis triplinervis
Phlox paniculata 'Prospero'
Lathyrus latifolius 'White Pearl'
Weiße Agapanthus
R. 'Graham Thomas'
Salvia uliginosa
Philadelphus 'Belle Etoile'
Ceanothus 'Henri Desfossé'
R. 'Roseraie de l'Hay'
Bank
R. 'Blanche Double de Coubert'
dunkelblauer Rittersporn
Philadelphus 'Beauclerk'
Eibe

Gegenüberliegende Seite Das frische Grün der ersten Frühlingspflanzen ist ein willkommener Vorbote des üppigeren Sommerflors. Dichte Wolfsmilchhorste, gelbe Kaiserkronen und weiße Tulpen wiederholen die gelben und weißen Narzissenfelder auf der dahinterliegenden Koppel.

Blicke in einen kleinen Bauerngarten

Oben *Die neue Brücke im Frühling. Gras braucht nur 13 Zentimeter Erde, um zu gedeihen, aber man darf Wasserabzugslöcher in der Unterlage nicht vergessen. Die Seitenkanten sind mit den Steinen der alten Brücke verkleidet worden.*

Folgende Doppelseite *Vom Schlafzimmerfenster über der Hintertür wird die Struktur des Gartens sichtbar. Der breite Grasweg führt direkt über den Bach und weiter zur Sonnenuhr, durch die Pforte in der Süd-Ost-Mauer bis zu der Koppel dahinter.*

Es ist ein besonderes Vergnügen, zu Hause zu arbeiten, wenn man so viel im Ausland zu tun hat. Deshalb freuten wir uns, als Lord und Lady Pilkington uns mit der Anlage ihres Gartens in Somerset beauftragten. Peter hatte seine Arbeit in London aufgegeben, und das Wochenendhaus sollte zum ständigen Wohnort werden.

Aus ihrem Garten mußte mehr gemacht werden. Was, das wußten Peter und Helen Pilkington nicht genau. Seine allgemeine Unzufriedenheit drückte Peter aus, indem er meinte, eine „gewisse Linie" müßte hineingebracht werden. Der Pflegeaufwand sollte gering sein, da Helen die meiste Gartenarbeit selbst machte. Sie freute sich über Verbesserungen, wollte aber nicht zum Sklaven des Gartens werden. Jede zusätzliche Pflanzung mußte pflegeleicht sein: Sträucher, Zwiebelpflanzen und Stauden, damit alles im Sommer etwas prächtiger würde.

Das Haus der Pilkingtons ist ein typisches Somerset Langhaus, Sandstein mit Reetdach, in einer Niederung der sanft gewellten ländlichen Umgebung gelegen. Das Haus und zwei Gartenmauern umschließen den Rasen von drei Seiten, eine hohe Buchsbaumhecke bildet eine strenge Barriere an der vierten Seite. Darin gab es nicht viel, außer einer großen Weide und einem Grasrechteck, das durch einen Bach geteilt wurde, der unter einer Mauer hervorkam und in einer merkwürdigen Kurve bis zu einer Ecke des Hauses verlief. Die Brücke darüber war in einem derart schiefen Winkel gebaut, daß sie statt eines Wegs zum anderen Teil des Gartens eher wie eine Sperre wirkte.

Grundlage unseres Entwurfs war der Zusammenschluß beider Gartenteile durch eine neue Brücke, die einen direkten Weg von der Hintertür des Hauses bis zu einer hübschen Pforte ermöglichte, durch die man auf die dahinterliegende Koppel gelangte. Wir bauten eine flache Grasbrücke. Die Situation war durch eine besondere Atmosphäre geprägt, und wir waren bemüht, keine störenden Veränderungen vorzunehmen. Bauliche Maßnahmen müssen gut überlegt werden, denn sie lösen immer bestimmte Stimmungen aus. Hier wollten wir lediglich den Garten erschließen, aber kein auffälliges Element hinzufügen. Der Garten sollte einfach bleiben, die Stimmung schlicht. Die neue Brücke würde wie eine Fortsetzung des Wegs wirken.

Nachdem die Brücke eingezeichnet war, rückten wir eine vorhandene Sonnenuhr in die Achsenmitte, umpflanzt mit Lavendel, und planten rundherum eine große, runde Rasenfläche. Der übrige Garten wurde in vier große Beete geteilt. Dabei sollte der Bach einfach ignoriert werden. Während er durch eine Randbepflanzung hervorgehoben würde, wurde der Blick nun über ihn hinweg gelenkt. Was ein Hindernis gewesen

OBEN Bupleurum fruticosum
UNTEN Iris sibirica

UNTEN *Herbstanemonen*

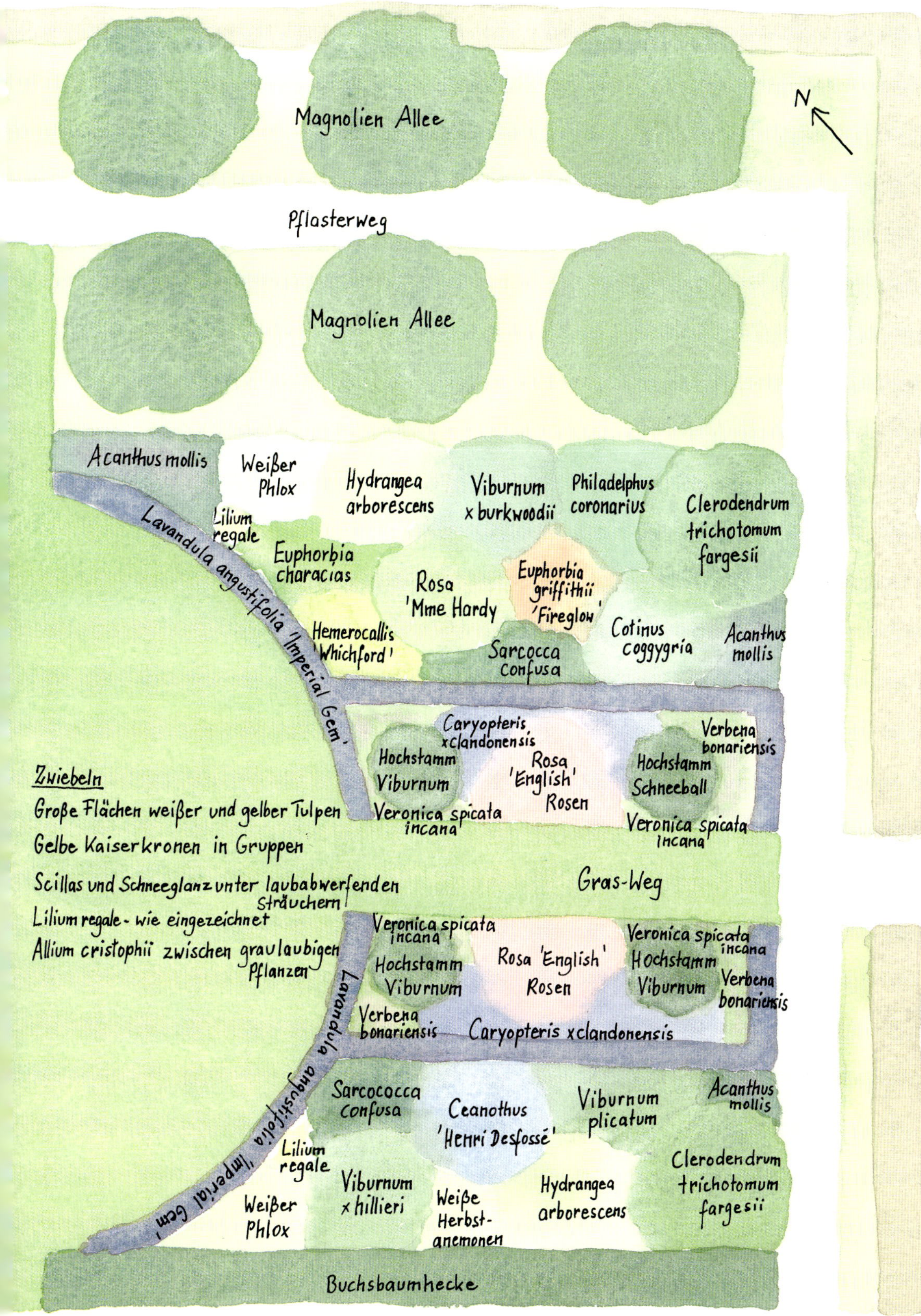

Oben *Schneeball* (Viburnum *x* burkwoodii)

Unten Rosa *'Madame Hardy'*

Unten Rosa *'Mary Rose'*

war, wurde ein Vorteil: Sobald man den Garten betritt, hört man das Geräusch fließenden Wassers, aber von dem Anblick des Bachs selbst wird man erst überrascht, wenn man die Brücke betritt.

Peter und Helen wünschten einen Sitzplatz, den wir auf einer Steinterrasse neben dem Zufluß des Bachs und unter der überhängenden Weide verwirklichten. Man erreicht ihn auf zwei schmalen Steinwegen, die eine optische Verlängerung zweier Fenster sind, und die Randbepflanzung besteht aus duftenden mediterranen Sträuchern.

Schließlich machten wir uns Sorgen, daß alles zu flach wirken könnte; wir wollten unbedingt eine senkrechte Betonung. Das Haus liegt aber in einer Senke, und die Sonne steht im Winter tief am Horizont, so daß Bäume alles noch dunkler machen würden. Wir entschieden uns für Hochstamm-Schneeball (*Viburnum carlesii*) entlang dem Hauptweg, damit die Sonne ungehindert einfallen kann, und verschoben die Blumenbeete vom Haus weg, so daß es nun wie auf einem Teppich ruht.

Im Sommer 1995 war der Garten fertig. Wo noch vor kurzem eine öde Fläche war, findet man nun eine berauschende Fülle aus Farben und Formen, und süßer Duft strömt durch die geöffneten Fenster in das Haus.

OBEN LINKS *Das Gelb der Englischen Rose 'Graham Thomas' nimmt das Lindgrün der Wolfsmilch (*Euphorbia characias *ssp.* wulfenii *'Lambrook Gold') auf.*

LINKS *Im Hochsommer sind die hohen Ähren des Rittersporns am schönsten. In einem neuen Garten bringt diese beliebte Staude sofort Höhe, ehe andere, strukturgebende Pflanzen gewachsen sind.*

RECHTS *Am Rand des Bachs, weit genug von der Blickachse entfernt, bietet im Juli eine große Fläche mit Kalla (*Zantedeschia aethiopica *'Crowborough') einen majestätischen Anblick.*

Gegenüberliegende Seite *Blick über den See und die blau-weißen Stauden am Pavillon, wo im Juli der Falsche Jasmin und Rittersporn in den Buchsbeeten wachsen. Der See fügt sich jedes Jahr mehr in die Landschaft ein. Wiesen, unterbrochen von flächigen Anpflanzungen, neigen sich bis ans Ufer. Die verstreuten Beete sind entfernt worden.*

Ein ländlicher Garten mit vielen Gesichtern

Oben *Vom Haus schaut man durch den weißen Pavillon, der bei unserer Ankunft schon stand, zu der neuen Lindenallee und dem entfernten Wald. Eiben und Hainbuchenkegel markieren die Ecken der Buchsbeete. Darin wird das Blau-Weiß-Thema über das ganze Jahr eingehalten: erst die weißen Tulpen, im Juni Rittersporn und Falscher Jasmin und dann Sommerhyazinthen* (Galtonia candicans).

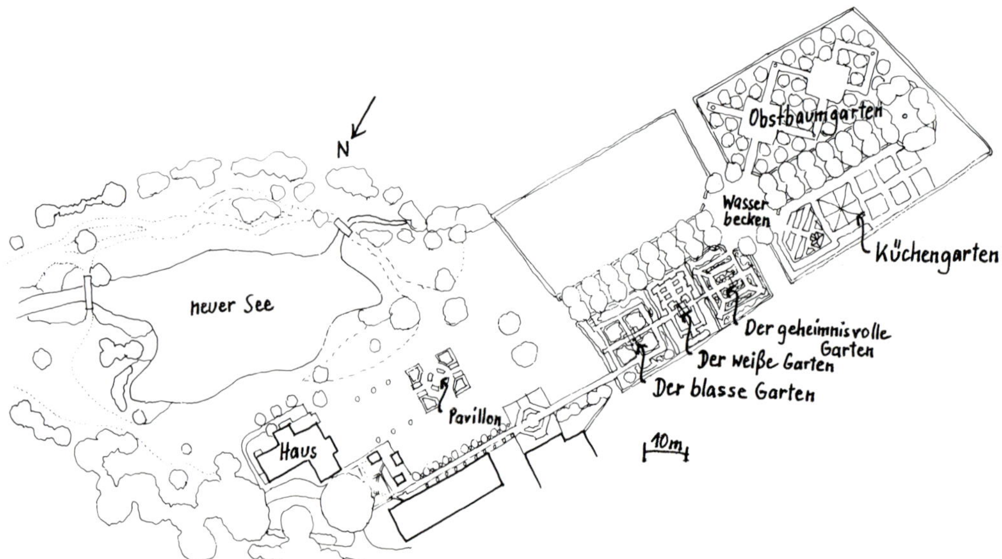

Diesen Garten in Plön, Ostholstein – eine der schönsten Gegenden Norddeutschlands –, besuchte ich erstmals 1993. Meine Auftraggeber waren die Mode-Designerin Jil Sander und Dickie Mommsen, die das Gut Ruhleben geerbt hatte. Plön liegt etwa 30 Kilometer von der Ostsee entfernt und ist von Seen umgeben. Ruhleben erstreckt sich mit Wäldern und Feldern an der Ostseite des größten Sees nach Süden. Der Morgennebel über dem Wasser gibt dem Ort eine verzauberte und friedliche Atmosphäre.

Jil und Dickie hatten schon einen Garten um die ehemalige Meierei des Guts angelegt und durch das Teilen und Aufstauen eines Bachs unterhalb des Hauses einen kleinen See gestaltet. Von einer Firma waren Bäume an der Grundstücksgrenze als Sichtschutz gepflanzt worden, und ein großer weißer Pavillon, von Eibenkegeln umrahmt, war kürzlich auf dem Hauptrasen errichtet worden. Der Garten sah sehr gestylt aus, und Jil und Dickie wollten ihn so verändern, daß er sich in die natürliche, verträumte Umgebung einfügen würde.

Zuerst sollte ich die Bepflanzung um den See verändern und neue Rabatten um den Pavillon anlegen. Vorpommern war nicht weit weg, und in meiner Phantasie fühlte ich mich wie „Elizabeth" in „ihrem Garten", die etwas romantische englische Unordnung in diese Aufgeräumtheit bringen will. Zuerst verschwanden die runden und bananenförmigen Beete im Rasen um den neuen See.

Feuchtigkeitsliebende Stauden – Sibirische Iris, Astilben und Taglilien – wurden großflächig bis an das Ufer gepflanzt. Neue Bäume kamen auf das Feld hinter dem Gartenzaun, um dessen harte Linie zu mildern, und Zwiebelpflanzen wurden zum Verwildern in die Wiese gesetzt.

Es herrscht Kontinentalklima mit heißen Sommern bis zu 30 °C und langen, kalten Wintern mit bis zu minus 17 °C. Der Boden ist sandig und durchlässig, braucht Nahrung und ist neutral bis sauer, aber dennoch eignet er sich für Rhododendren und Azaleen nicht gut. Im Sommer muß laufend gewässert werden.

Mein Kollege Simon Johnson begleitete mich bei meinem dritten Besuch und beteiligte sich an der Anlage von Blumenrabatten um den Pavillon und der Verpflanzung der Eibenkugeln, um die Reihe von Kugelahornbäumen (*Acer platanoides* 'Globosum') vor der Scheune besser zur Geltung kommen zu lassen. Buchsgesäumte Beete gaben dem Pavillon neuen Halt, und eine Doppelreihe Hainbuchen (*Carpinus betulus* 'Fastigiata') lenkt den Blick über die Anlage bis zu einer Pforte in der dahinterliegenden Hecke. Die Beete wurden in Blau und Weiß gehalten: viele Perlpfötchen und weiße 'Triumphator'-Tulpen, blau-graue Perovskia, hoher blauer Rittersporn und Glockenblumen, duftender Falscher Jasmin und Flächen mit weißen Königslilien. Nachdem der Pavillon einsam auf der Wiese thronte, ist er jetzt, umgeben von Farben und Fülle, zu einem Lieblingssitzplatz geworden.

Wir planten außerdem eine große Erweiterung des Gartens nach Süden hin, wo eine neue Lindenallee (*Tilia cordata*) durch eine Reihe von Gartenräumen, durchgehend in englischem Stil, aber mit verschiedenen Themen gestaltet, führen würde. Jil und Dickie hatten ehrgeizige Pläne. Jil wollte einen genauen Pflanzplan entwickeln, und beide wünschten viele Blumen. In Anlehnung an Sissinghurst sollte es einen weißen Garten geben, aber auch andere Gärten, mit unterschiedlichen Farben. 1994 lernten wir eine englische Gärtnerin, Joy Patrick, und ihren Ehemann Richard, der im Landschaftsbau tätig war, kennen. Sie übernahmen die Ausführung unserer Ideen und die ständige Pflege des Gartens. Wir konnten uns verabschieden.

Die Pforte in der vorhandenen Hecke war unser Ausgangspunkt für die Lindenallee, die sich 200 Meter in das Feld bis zum Waldrand erstrecken sollte. In der Mitte und am Ende wurde die Linie jeweils durch ein Rondeel unterbrochen, eines mit einem runden Wasserbecken und das andere mit einer großen Jupiterstatue, die aus dem Plöner Schloßpark stammt. Unterpflanzt mit Geißblatt (*Lonicera pileata*) und begleitet von einer Buchenhecke, verbindet die Allee die neuen Gartenteile und bildet eine Blickachse in die Landschaft.

Auf beiden Seiten der Allee entstanden je vier neue Gärten – intime Räume: ein Blumengarten, in drei Sektionen geteilt, ein Nutzgarten sowie eine dekorative Obstbaumanlage und ein Garten mit einem Kanal aus Formschnittgehölzen und Sträuchern. Da Jil und Dickie einen weißen Garten wünschten, differenzierten wir die drei Blumensektionen nach Farben: Blaß, Weiß und „satt". Klare Einteilungen durch Ziegelpflaster, eiserne Laubengänge, Sandsteinvasen und Formschnittfiguren sind der gemeinsame Rahmen.

Im blassen Garten betonen Hahnen-Weißdorn (*Crataegus crus-galli*) und Zier-

Der Weg entlang der Mauer, die den Garten von der reetgedeckten Scheune und dem Hof trennt, führt jetzt in den blassen Garten. Wir betonten die schon vorhandene Kugelahorn-Allee, indem wir die Eibenkugeln vom Rasen in einer Reihe darunter pflanzten.

*Blick am Ende des Rasens durch einen Bogen der Buchenhecke in den blassen Garten. Der mit Kreuzbändern aus Granit verzierte Weg führt zu dem Ziegelpflaster: vom Schatten ins Licht. Die Vase wird von Katzenminze (*Nepeta *'Six Hills Giant'), blaßblauen* Iris sibirica *und Storchschnabel* (Geranium *x* magnificum) *eingefaßt.*

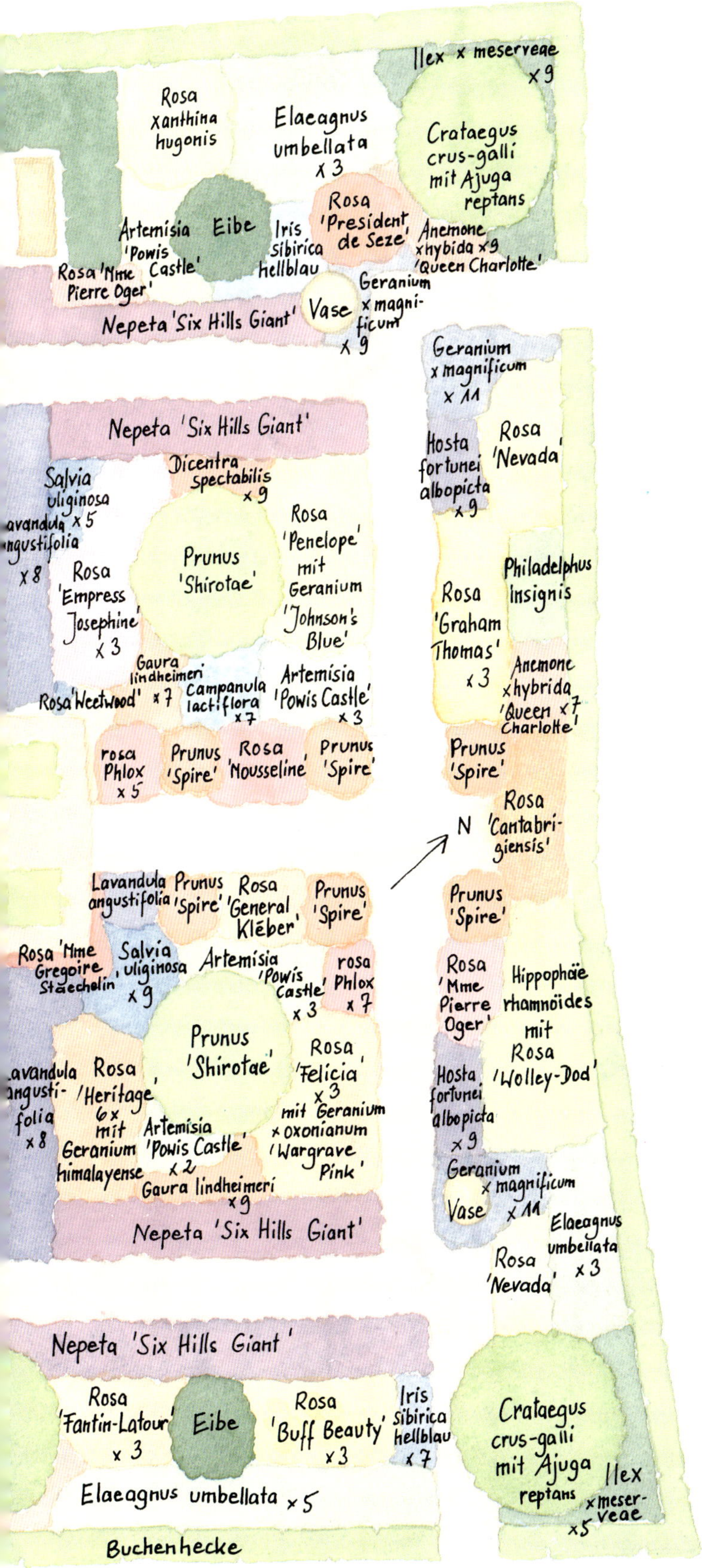

Im blassen Garten zeigt der Blick zurück die überschäumende Katzenminze, unter der die Bourbon-Rose 'Madame Pierre Oger' fast erstickt. Diese blüht früh und noch einmal später im Jahr.

Pflanzen mit kräftigem Blattwerk sind wichtige Partner für blasse Blüten.

Oben *Die Idee des weißen Gartens stammt aus Sissinghurst, er ist aber hier etwas weniger streng gepflanzt. Silberne Artemisien weben sich durch Sibirische Iris und weiße Rosen. Die Buchsbeete sind statt ursprünglich geplanter Kamille-Quadrate entstanden. Hohe Stechpalmen und im Hintergrund Trauerbirnen* (Pyrus salicifolia *'Pendula') vermitteln Höhe und ergeben zusammen mit Großstauden, wie Meerkohl, Rittersporn und den Zieräpfeln* (Malus *'Snowdrift'), eine dritte Dimension. In den Blumengärten wird von Joy Patrick ständig mit abgelagertem Dung und Kompost gemulcht.*

Gegenüberliegende Seite *Weiße Ritterspornähren sind ein Highlight im Juni und Juli, besonders vor einem Hintergrund aus dunklen Eiben, wie es Vita Sackville-West liebte.*

kirschen (*Prunus* 'Shirotae') die Ecken und geben den zentralen Beeten Höhe. Darunter wachsen Katzenminze, Lavendel, Prachtkerzen (*Gaura lindheimeri*) und Salvien (*Salvia uliginosa*).

Der weiße Garten wird von Zieräpfeln (*Malus* 'Snowdrift') eingefaßt, und drei Trauerbirnen (*Pyrus salicifolia* 'Pendula') rahmen eine Bank. Unter den Bäumen zeigen Falscher Jasmin, Meerkohl, Rosen, Iris, Herbstanemonen und Phlox Farbschattierungen von Creme- bis Blau-Weiß.

Der dritte Garten mit seiner Mischung aus dunkelrosa, purpur und weinroten Tönen wurde schließlich der „geheimnisvolle" genannt. Er wurde der aufregendste. Dunkelrotes Laub des Perückenstrauchs 'Velvet Cloak' hebt sich von silbergrauer Ölweide (*Elaeagnus angustifolia*) ab. Hier prunken die Rosen 'Mme Isaac Pereire', 'Tuscany Superb', 'Arthur de Sansal', 'Tour de Malakoff', 'Cardinal de Richelieu' – Namen voller Zauber. Päonien, Storchschnabel, Tränende Herzen, Brandkraut und Fette Henne ergänzen die satte Üppigkeit.

Der Garten süd-östlich der Blumenräume muß noch angelegt werden; die Pläne für einen Kanal waren zu kompliziert, vielleicht ist ein grünes Labyrinth möglich. In der Obstbaumanlage gibt es Rasenwege zwischen Wiesenflächen, die Bäume wachsen und tragen reichlich. Der Nutzgarten süd-westlich hinter dem Wasserbecken produziert Unmengen von Beeren, Gemüse und Schnittblumen.

Abgesehen von den Maulwürfen, die in Deutschland geschützt sind (wir haben alles versucht – auch elektronische Sender –, es hat nicht viel geholfen), war die Arbeit in Plön mit Kunden, die phantasievoll und engagiert waren, in einer schönen, anregenden Landschaft und mit erfahrenen Gärtnern ein großes Vergnügen.

Rosa *'Schneewittchen' (syn.'Iceberg') und Frauenmantel* (Alchemilla mollis)

Schneeflockenstrauch (Chionanthus virginicus)

Der weiße Garten

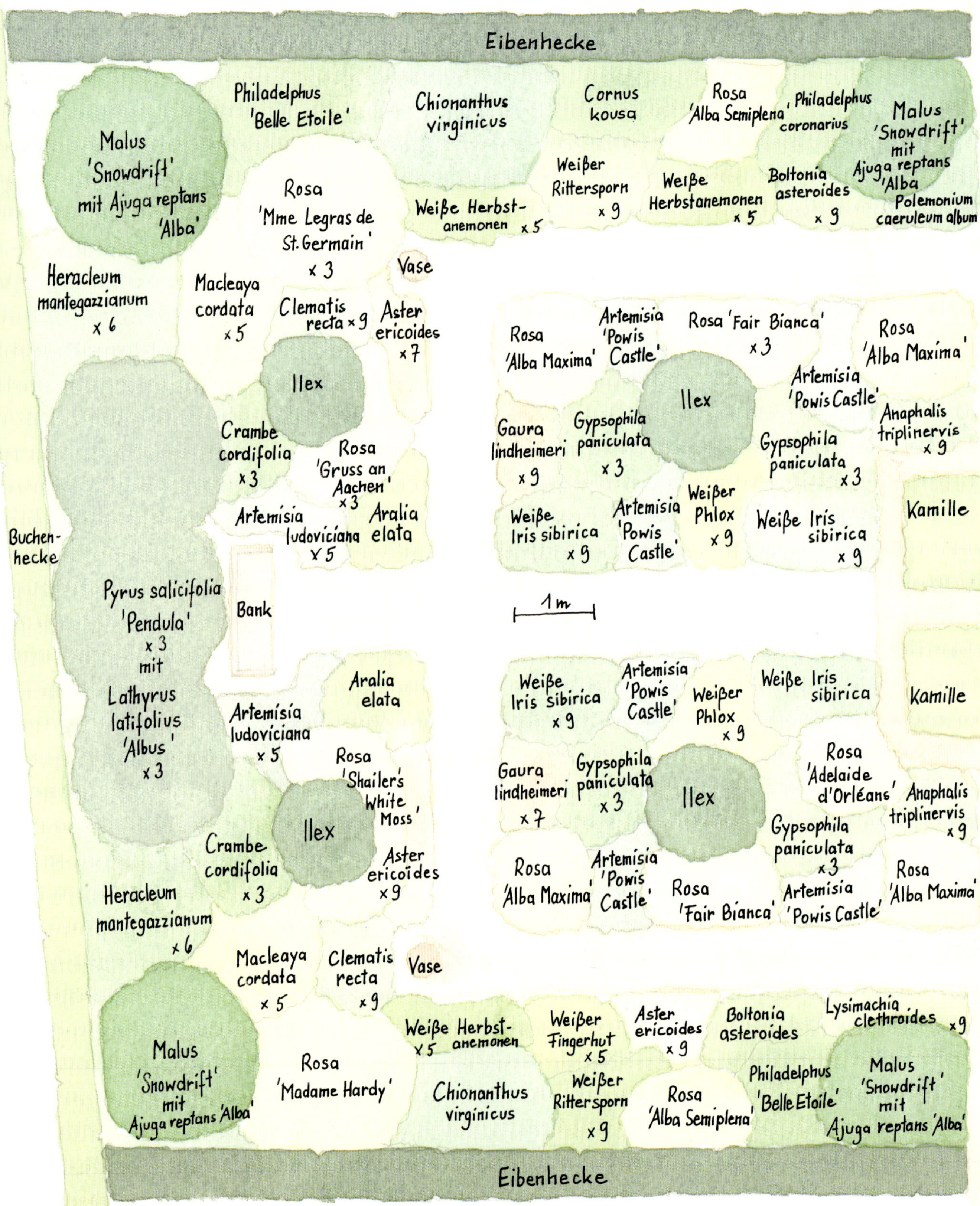

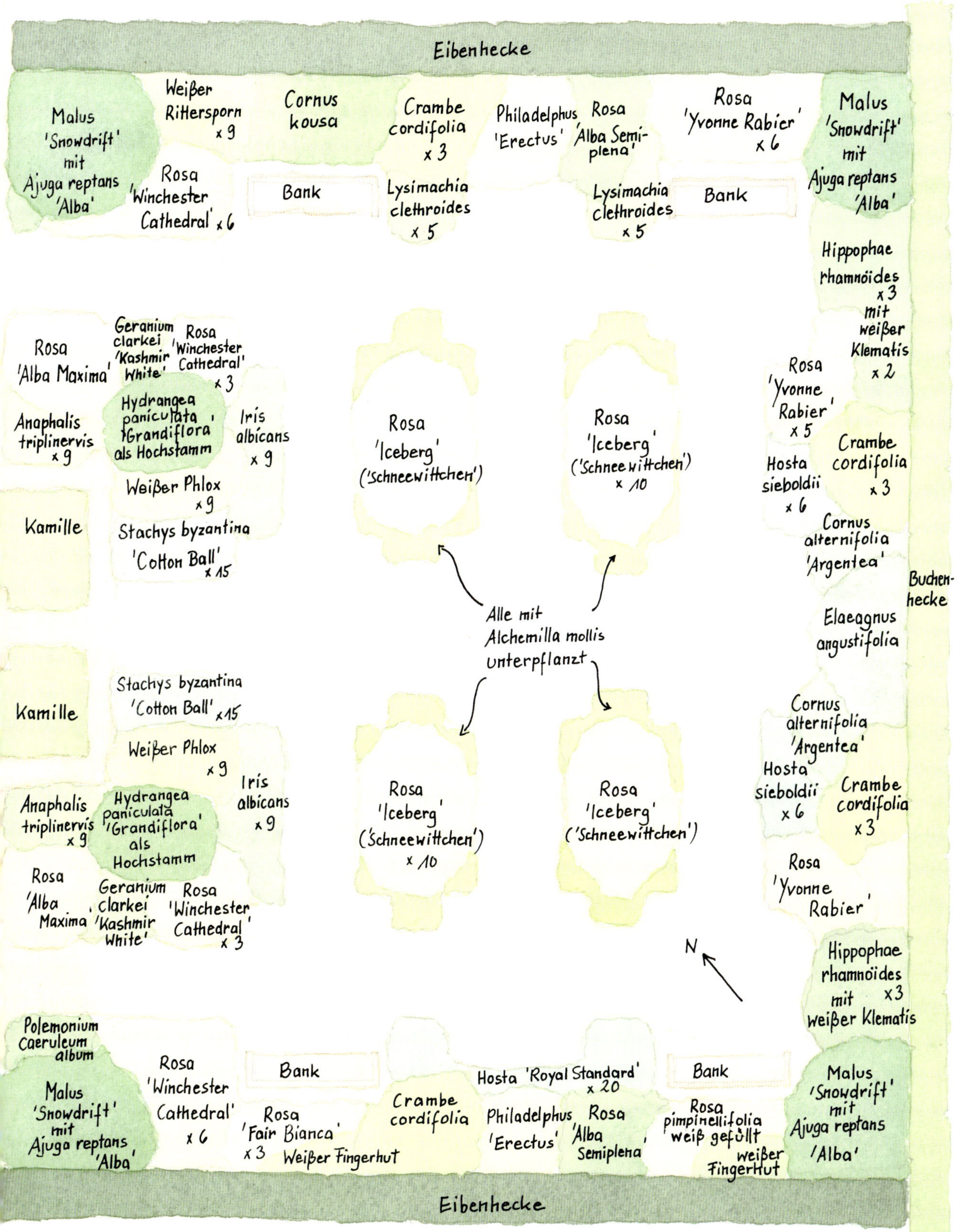

Rittersporn 'Sandpiper'

Iris sibirica

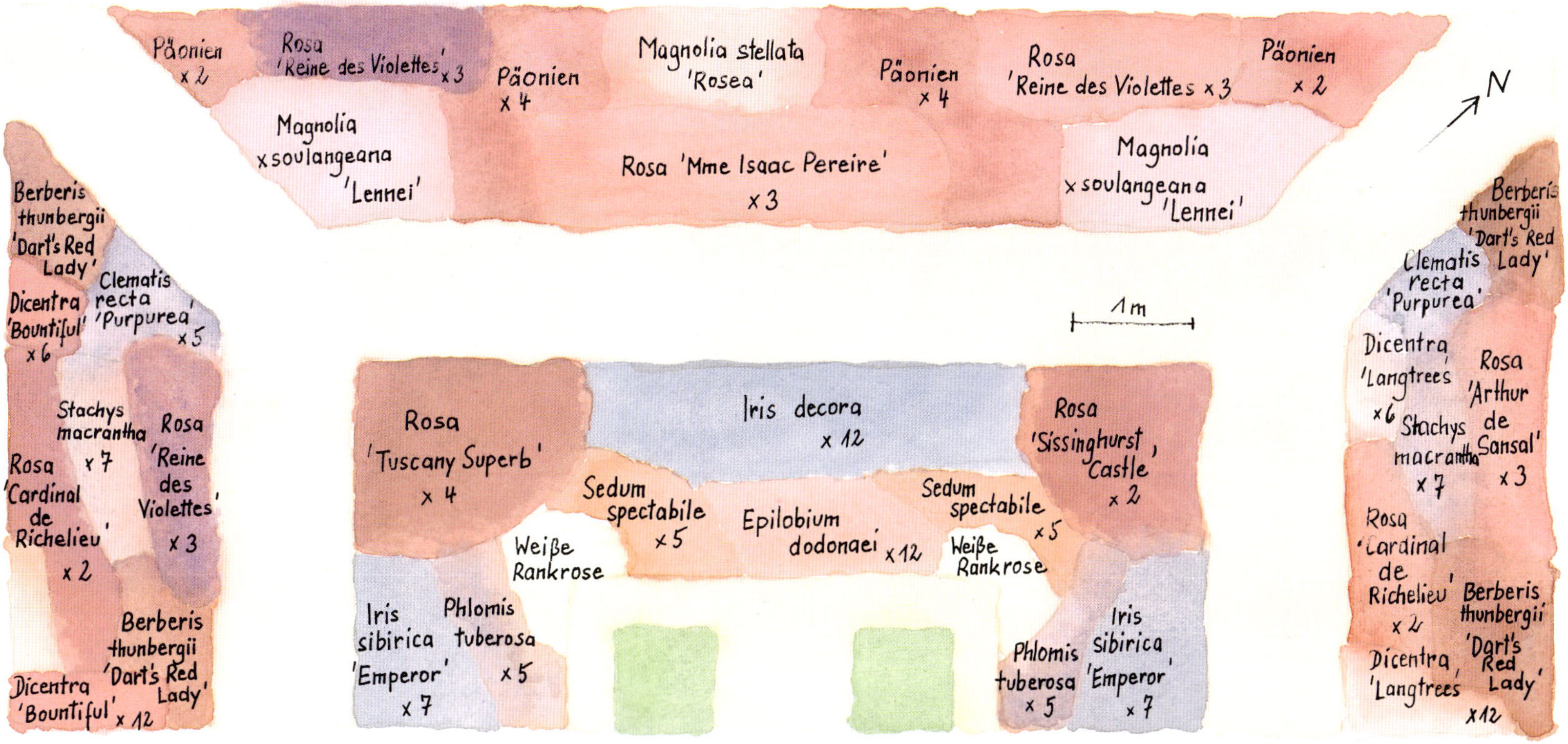

Ein Teil des geheimnisvollen Gartens

Links *Blick über den „geheimnisvollen" Garten durch die eleganten Laubengänge, entworfen von Simon Johnson, die bald von Kletterpflanzen bedeckt sein werden (dies ist erst die zweite Saison für den Garten). Ziest* (Stachys macrantha) *stützt die kriechende Klematis* (C. recta) *zusammen mit Iris, Lichtnelken und Rosen. Blattwerk in dunklem Purpur, Tiefrot und Rotbraun verbindet alles miteinander und ist ein schöner Gegensatz zu dem blassen und dem weißen Garten. Auch hier sind die Sandsteinvasen ein attraktives architektonisches Element inmitten der lockeren Bepflanzung.*

Rechts Rosa *'Reine Victoria'*

Rechts Aussen Rosa *'Souvenir du Docteur Jamain'*

Oben *Der Eingangshof ist mit immergrünem Buchs (*Buxus *'Winter Gem') und vier eleganten Chinesischen Fransenbäumen* (Chionanthus retusus) *streng gegliedert.*

Unten *Die beiden Kreuzwege der Querachse sind so geplant, daß sie im Frühling und Herbst am schönsten sind. Zwei Japanische Flieder* (Syringa reticulata) *umrahmen eine Vasensäule.*

Ein Garten mit klassischem Muster

Im Herbst 1994 bekamen wir den Auftrag für den Garten eines renovierten neu-georgianischen Hauses in Connecticut. Nur 48 Kilometer von New York City entfernt – attraktiv für Pendler – ist die waldreiche Gegend erstaunlich ländlich, aber es wird viel gebaut; die Bodenpreise sind astronomisch. Deshalb waren wir erfreut, daß das Grundstück großzügig geschnitten war: ein sanfter Abhang, umgeben von Bäumen, mit Blick über Weideland zu einer großen Eiche (*Quercus alba*). Reste des Waldbestands sind erkennbar, und zwei majestätische Tulpenbäume (*Liriodendron tulipifera*) sowie eine Gruppe Weißbirken (*Betula papyrifera*) fesseln den Blick. Hier war es möglich, einen Garten anzulegen, der mit seinen Proportionen dem Haus gerecht werden würde.

Das Klima in diesem Teil Neuenglands stellt hohe Anforderungen. Die Temperaturen schwanken zwischen möglichen minus 25 °C und einer durchschnittlichen Schneehöhe von 75 Zentimetern im Winter bis zu 32 °C im Sommer mit hoher Luftfeuchtigkeit. Direkte Folge für den Gärtner ist, daß all die großblättrigen, immergrünen Sträucher, die in moderateren Klimazonen das Rückgrat vieler Anlagen bilden, hier nicht in Frage kommen. Der Boden friert bis in 60 Zentimeter Tiefe, die Feuchtigkeit kommt nicht an die Wurzeln, und an einem sonnigen Wintertag kann das oberflächlich aufgetaute Laub verdorren.

Das kann auch zu dem sogenannten Hochfrieren der Pflanzen führen; deshalb wird Mulch aufgetragen, um die Temperaturen im Boden konstant zu halten. Nach Süden gerichtete Mauern, sonst so willkommen, bringen hier die größten Probleme mit sich, und die Kletterpflanzen müssen vor der Wintersonne an Nord- oder Ostwänden geschützt werden. Nan Sinton, meine amerikanische Partnerin, hat uns mit ihrem Rat geholfen, diese Schwierigkeiten zu meistern und Pflanzen zu finden, die hier zurechtkommen.

Das Haus bildet den Ausgangspunkt für Achsen, die in die Landschaft überleiten. Die Hauptfront geht nach Norden mit Blick über einen Rasen bis zu den feuchten Niederungen weiter unten. Diese Aussicht sollte so bleiben, aber wir rahmten sie beidseitig mit zwei Zelkoven, einer Doppelreihe Felsenbirnen (*Amelanchier canadensis*) und Hartriegel (*Cornus kousa*). Diese Alleen zu beiden Seiten des Rasens führen auf zwei Vasensäulen aus cremefarbener Terrakotta zu, die, wie auch alle übrigen Töpfe, von Philip Thomason in England gefertigt wurden. Wie bei vielen unserer Entwürfe sind Kübel mit jahreszeitlich unterschiedlichen Pflanzen ein wichtiges Element, im Winter wirken sie wie Skulpturen.

An der Westseite des Hauses wurde eine Orangerie angebaut, und wir nahmen diese

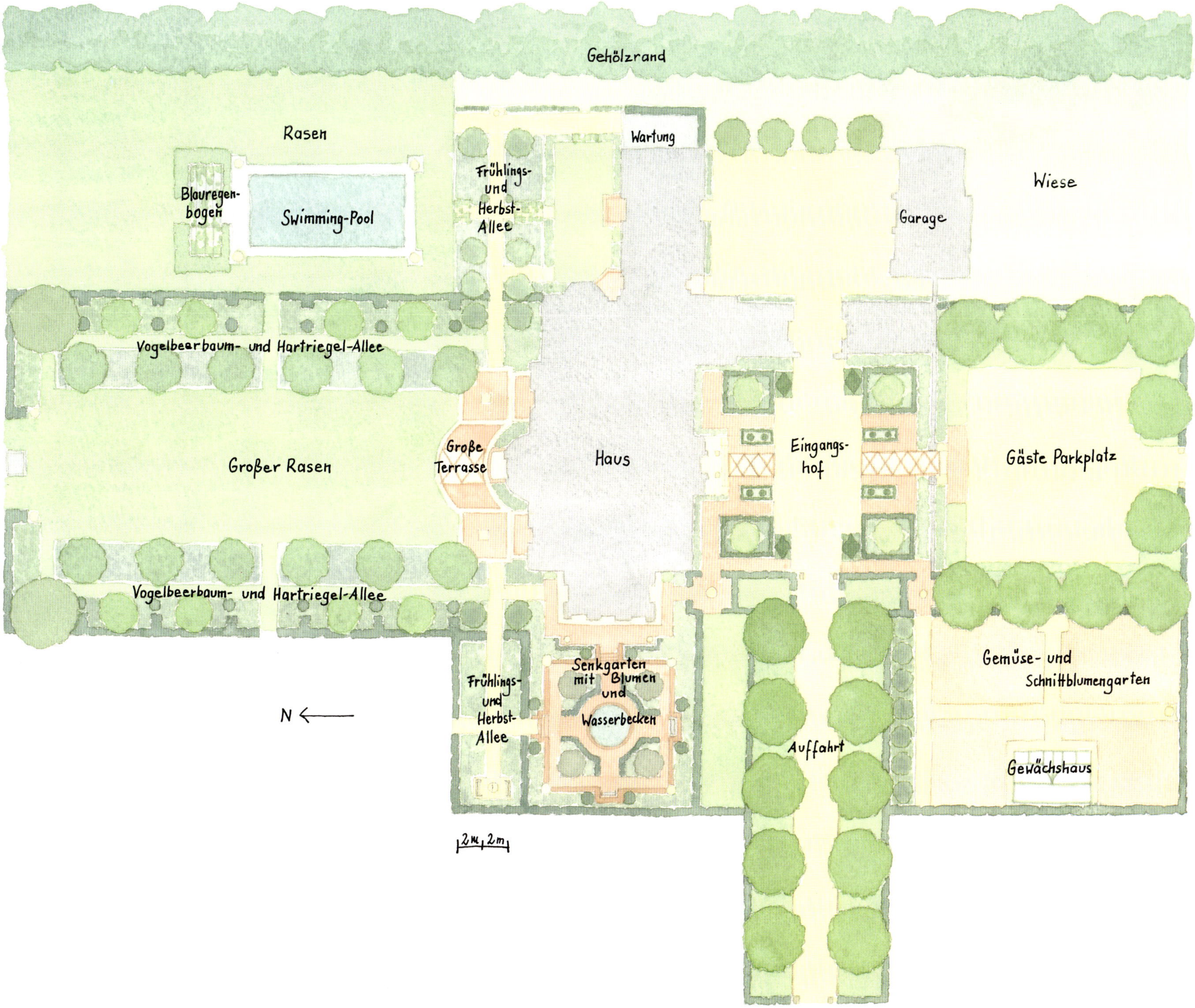
Gehölzrand
Rasen
Blauregen-bogen
Swimming-Pool
Frühlings- und Herbst-Allee
Wartung
Garage
Wiese
Vogelbeerbaum- und Hartriegel-Allee
Große Terrasse
Haus
Eingangs-hof
Gäste Parkplatz
Großer Rasen
Vogelbeerbaum- und Hartriegel-Allee
Senkgarten mit Blumen und Wasserbecken
Frühlings- und Herbst-Allee
Gemüse- und Schnittblumengarten
N
Auffahrt
Gewächshaus
2m 2m

Gelegenheit wahr, um einen Senkgarten davor zu planen. Hier sollten empfindliche Stauden und Einjährige gepflanzt werden, die heiße Sommer vertragen. Die Farbskala reicht von Blau über Grau, Purpur bis zu Blaßrosa; im Frühling vermitteln viele Tulpen – creme-weiße 'Ivorine' und schwarzrote 'Queen of Night' – ein strengeres Bild. Wir bauten auch hier architektonische Elemente ein, indem die Beete mit Buchs (*Buxus* 'Green Velvet') eingefaßt und die Achsen betonende Stechpalmenkegel gepflanzt wurden. In der Mitte wurde das Wasserbecken nicht eingelassen, sondern wegen der Verlegung eines Starkstromkabels erhöht angelegt. Vier Zieräpfel (*Malus* 'Snowdrift') vervollständigen die Symmetrie.

Frühjahr und Herbst sind sehr wichtige Jahreszeiten in Neuengland, und viele Pflanzen, die dieses Klima mögen, sind im Mai und September am schönsten. Innerhalb des Gartens schufen wir Räume, die besonders zu diesen Zeiten ihre Höhepunkte haben, während im Juli und August nicht viel passiert, dann dominiert das Grün, und die Schönheit der umgebenden großen Bäume kommt zur Geltung.

Schwierigkeiten bereitete uns die Wahl der richtigen Heckenpflanzen. Eiben gedeihen in Neuengland gut, aber Rehe fressen sie gern, und deren Population ist hier explosionsartig angestiegen. Buchenhecken (*Fagus* und *Carpinus*) sind viele Monate blattlos, und so fanden wir einen Kompromiß: Der Eingangsbereich des Hauses bekam Stechpalmenhecken (*Ilex* x *meserveae* 'China Girl'), und im übrigen Garten wurden Hainbuchenhecken gepflanzt.

Ziemlich zum Schluß bat man noch um einen Swimmingpool. Das klassische Muster unseres Entwurfs gestattete uns diese Einfügung, so daß es schien, als ob sie immer Bestandteil unseres Plans gewesen wäre. In den USA ist ein 1,2 Meter hoher Zaun um einen Pool Vorschrift, und wir benutzten einen ortsüblichen Staketenzaun, um kleine Räume und Lauben zu bilden, die den Gesamteindruck des Zauns auflockerten.

Nach zwei Jahren hatten unsere Kunden einen Garten, der ihnen das ganze Jahr Freude bereitet und das Haus in harmonischer Weise mit der Landschaft verbindet.

GEGENÜBERLIEGENDE SEITE *Der neue Weg zwischen Felsenbirnen und Hartriegel an der Seite des Rasens vor dem Swimmingpool. Die kleinen Blüten der Felsenbirne sind in Neuengland erste Frühlingsboten, die im April nach dem letzten Schnee erscheinen. Glücklicherweise fanden wir Hartriegel, die schon in eine gute Form gezogen waren.*

RECHTS *Der Chinesische Hartriegel* (Cornus kousa) *ist besonders krankheitsresistent, und wir haben ihn wegen seines Ganzjahreseffekts an den auffälligen Rand des Rasens gesetzt: Blüten im Juni, gefolgt von erdbeerartigen Früchten, schönes Herbstlaub und eine elegante, graugefleckte Rinde.*

UNTEN LINKS *Sechs Japanische Flieder* (Syringa reticulata)*, als Bäume gezogen, leiten den Blick vom Haus zur Blauregen-Laube hinter dem Swimmingpool. Sie sind ebenfalls ganzjährig interessant, mit duftenden Blüten, Früchten, Herbstfärbung und rot-brauner Rinde.*

UNTEN RECHTS *Die Blüten des Tulpenbaums* (Liriodendron tulipifera) *sind eine der Schönheiten des heimischen Walds im Osten der Vereinigten Staaten.*

Oben *Der Senkgarten Anfang September: Zarte Salvien* (Salvia *'Indigo Spires' und* S. uliginosa) *mischen sich mit Prachtkerzen* (Gaura lindheimeri) *und Eisenkraut* (Verbena bonariensis). *Über der Mauer werden die nickenden Blütendolden der Hortensie* (Hydrangea paniculata grandiflora) *einen rosigen Schimmer bekommen.*

Links *Herbstastern sind dankbare, spätblühende Stauden, deren Farbpalette Weiß, Rosa, Blau und Purpur umfaßt. An dem „Frühlings- und Herbstweg" neben dem Senkgarten leuchten* Aster amellus *'Moerheim Gem' und die kleinere* A. lateriflorus *mit ihrem eleganten, überhängenden Wuchs im Herbstlicht.*

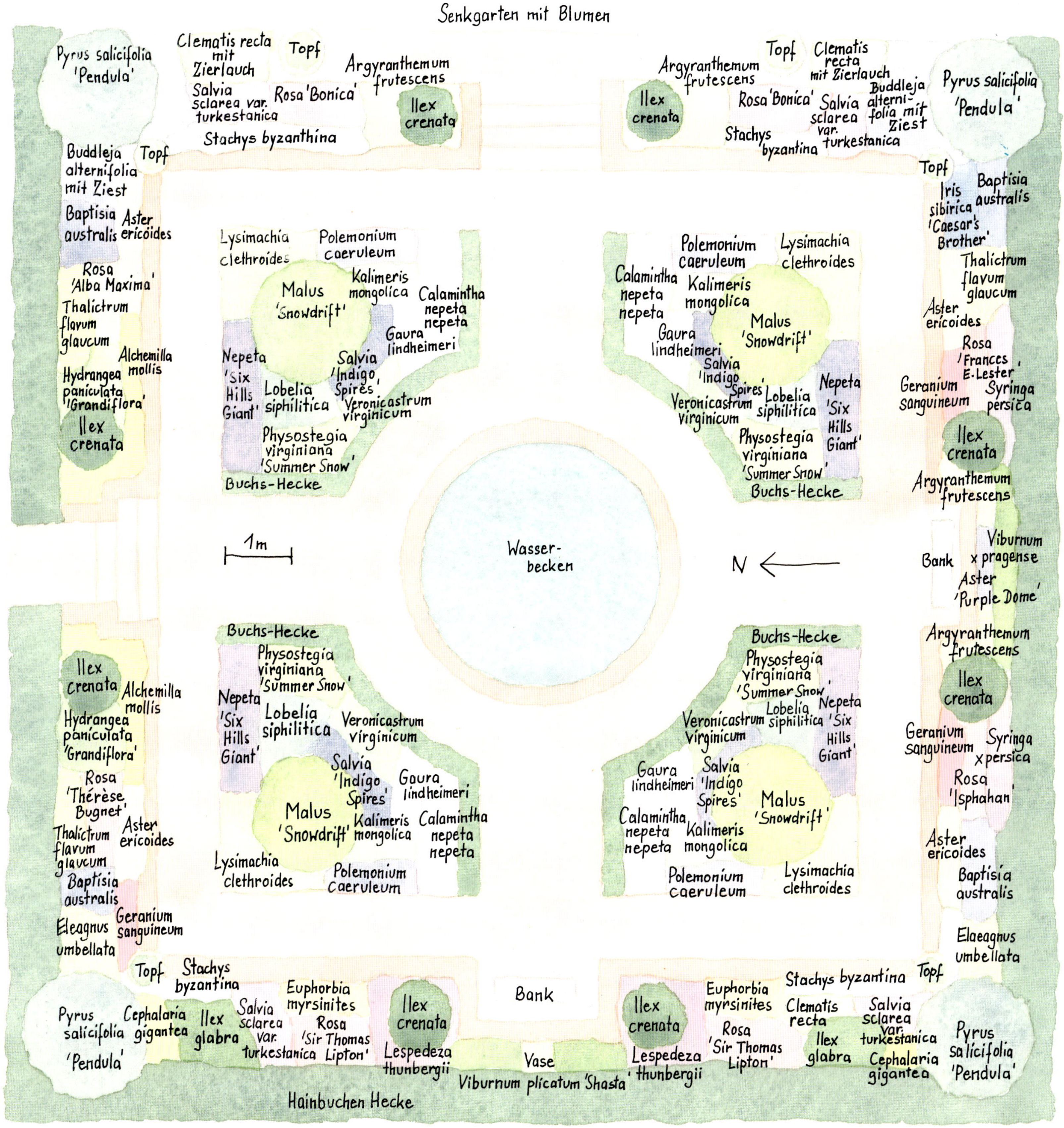
Senkgarten mit Blumen
Pyrus salicifolia 'Pendula'
Clematis recta mit Zierlauch
Topf
Argyranthemum frutescens
Salvia sclarea var. turkestanica
Rosa 'Bonica'
Ilex crenata
Stachys byzanthina
Buddleja alternifolia mit Ziest
Baptisia australis
Aster ericoides
Rosa 'Alba Maxima'
Thalictrum flavum glaucum
Alchemilla mollis
Hydrangea paniculata 'Grandiflora'
Lysimachia clethroides
Polemonium caeruleum
Malus 'Snowdrift'
Kalimeris mongolica
Calamintha nepeta nepeta
Gaura lindheimeri
Nepeta 'Six Hills Giant'
Salvia 'Indigo Spires'
Lobelia siphilitica
Veronicastrum virginicum
Physostegia virginiana 'Summer Snow'
Buchs-Hecke
Stachys byzantina
Iris sibirica 'Caesar's Brother'
Rosa 'Frances E. Lester'
Geranium sanguineum
Syringa persica
1m
Wasser-becken
N
Bank
Viburnum x pragense
Aster 'Purple Dome'
Syringa x persica
Rosa 'Isphahan'
Rosa 'Thérèse Bugnet'
Eleagnus umbellata
Elaeagnus umbellata
Cephalaria gigantea
Ilex glabra
Euphorbia myrsinites
Rosa 'Sir Thomas Lipton'
Lespedeza thunbergii
Clematis recta
Vase
Viburnum plicatum 'Shasta'
Hainbuchen Hecke

OBEN *Der Blick durch das Eingangstor fällt auf immergrüne Räume, die die Architektur des Hauses widerspiegeln, und führt durch die Lindenallee zur nördlichen Grenze.*

UNTEN *Das Wechselspiel von Licht und Schatten auf Formschnittgehölzen ist ein wichtiges Element der Gartengestaltung. Hier spielt die Morgensonne über den Konturen des Buchs-Parterres und beleuchtet das Blau, Grau und Purpur der Blumen dahinter.*

EIN NEUER GARTEN FÜR EIN RESTAURIERTES HAUS

Wir hatten das Glück, in den vergangenen Jahren bei einer Reihe von Projekten mit der Innenausstatterin Jean Munro zusammenarbeiten zu dürfen. 1994 machte sie uns mit dem Grafen Vittorio Marzotto und seiner Frau Simona bekannt, für die sie im Rahmen der Restaurierung einer Villa in Norditalien tätig war. Die Möglichkeit, mit ihnen zusammen den Garten zu gestalten, war eine wunderbare Chance für uns. Die Gärten der italienischen Renaissance haben die Entwicklung der Gartengestaltung stark beeinflußt, und ich hatte lange davon geträumt, einmal einen Garten in Italien anlegen zu dürfen.

Die Marzottos leben in einem kleinen Dorf im Friaul, im nord-östlichen Teil Italiens, 40 Kilometer südlich der österreichischen Alpen. Die Gegend war 1976 durch ein Erdbeben verwüstet worden, und von vielen Städten und Dörfern war nur Schutt übriggeblieben. Die meisten Gebäude waren hastig mit billigem Material wieder aufgebaut worden. Simona Marzotto hat jedoch ein Baugeschäft, das auf Restaurierungen spezialisiert ist, und beide haben für die Wiederherstellung ihres Hauses mit viel Mühe traditionelles Baumaterial zusammengetragen.

Als wir im Herbst 1994 das Grundstück zum ersten Mal sahen, war es nur ein Trümmerhaufen auf einer schäbigen Wiese, ein leeres Blatt Papier für meine Arbeit. Zu oft muß man Kompromisse mit dem Vorhandenen eingehen, aber hier konnten wir ohne Bedingungen gestalten. Ein wahres Vergnügen.

Die Marzottos wußten genau, welche Art von Garten zu ihrem Haus passen würde. Er sollte eine historische Anlehnung haben – ein Bild vergangener Zeiten sein –, aber mit modernen Pflanzenzüchtungen und aktueller Technologie. Simona Marzotto liebt Blumen leidenschaftlich und hat große Kenntnisse vom medizinischen Wert der Kräuter und der Gemüsesorten. Ein großer Schnittblumen- und Gemüsegarten stand deshalb ganz oben auf der Liste.

Bei unserem ersten Besuch entstand die Grobplanung. Ein dekorativer Nutzgarten sollte an der Nordseite des Hauses, nahe der Küche, angelegt werden, die Blumenbeete sollten nach Süden, an die Vorderseite. Das Haus war der Mittelpunkt, und zu seiner Betonung entschieden wir uns für Steineichen-Hochstämme (*Quercus ilex*), die später in Würfelform geschnitten werden sollten. Dadurch erhielten wir 3 bis 4 Meter breite Grünflächen auf einer höheren Ebene, die ein Gegengewicht zum Haus und einen Sichtschutz zum Nachbarn bildeten.

Zu beiden Seiten der Eingangstür planten wir Buchsbeete, davor einen quadratischen Rasen mit Blumenrabatten in den Ecken. Die Proportionen der Anlage richte-

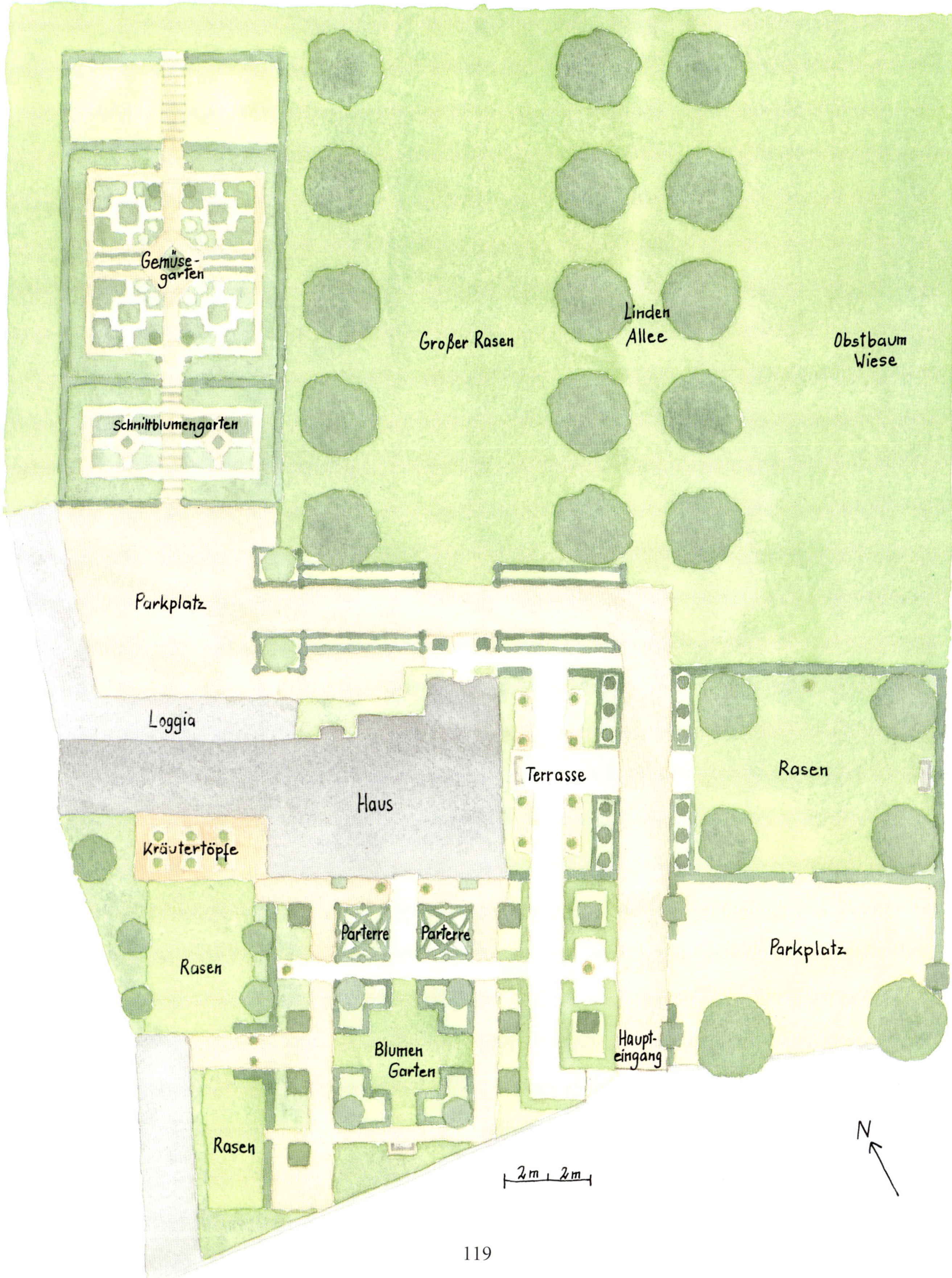
Gemüse-
garten
Schnittblumengarten
Großer Rasen
Linden
Allee
Obstbaum
Wiese
Parkplatz
Loggia
Terrasse
Rasen
Haus
Kräutertöpfe
Parterre
Parterre
Parkplatz
Rasen
Haupt-
eingang
Blumen
Garten
Rasen
N
2m 2m

Oben *Ein Blick von der Loggia hinter dem Haus über den Rasen mit der Dreier-Reihe Linden. Die Terrakottatöpfe aus den Bergen südlich von Florenz werden von Nicholas Lambourne bepflanzt und gepflegt.*

ten sich immer nach dem Haus: Hecken verlängerten Mauern, Wege die Türen und Fenster. Das Ziel war Vielfalt in einem harmonischen Ganzen. Hinter dem Haus bot eine Loggia Schutz vor der Sommerhitze. Hier würden niedrige Buchsbeete den Blick über den Garten durch eine Dreier-Reihe Linden zu den 10 Kilometer entfernten Hügeln erlauben.

Nun begannen die Überlegungen bezüglich der Pflasterarbeiten. Simona Marzotto zeigte uns die Überreste der Baumaterialien der alten Häuser in der Region, und wir entschieden uns für hellen grau-braunen Sandstein und große graue Kopfsteine. Simona stöberte auch alte Steinplatten auf und maß und numerierte jede einzelne bei ihrer Anlieferung. Große Planzeichnungen der Wege wurden angefertigt, und Simona paßte maßstabsgerecht ihre numerierten Platten ein. Das war aufwendig, aber wir brauchten nicht zu schneiden und hatten keine Reste; das Verlegen ging ebenfalls sehr viel schneller.

Die Kopfsteine wurden auf eine Sand-Zement-Unterlage gelegt und die Fugen mit einer gleichen Mischung trocken aufgefüllt, so daß jeder Stein zu zwei Drittel bedeckt war. Für weniger aufwendige Flächen verwendeten wir alte Terrakottaklinkersteine. Es war ein Vergnügen, für Menschen zu arbeiten, die nicht nur ein Gefühl

Oben *Der Blumengarten wird durch traditionelles Steinpflaster geprägt. Die Höhe der Buchshecken schafft Räume, aber die Sicht ist nicht behindert. Eine üppige Bepflanzung schäumt darüber und mildert die Strenge – ein Beispiel von italienischer Struktur, die durch einen englischen Touch aufgelockert wird. Die groß gekauften Olivenbäume lassen den Garten erwachsen aussehen und stabilisieren die Anlage. Die Rasenfläche vermittelt entspannende Ruhe und gibt dem Ganzen Zusammenhalt.*

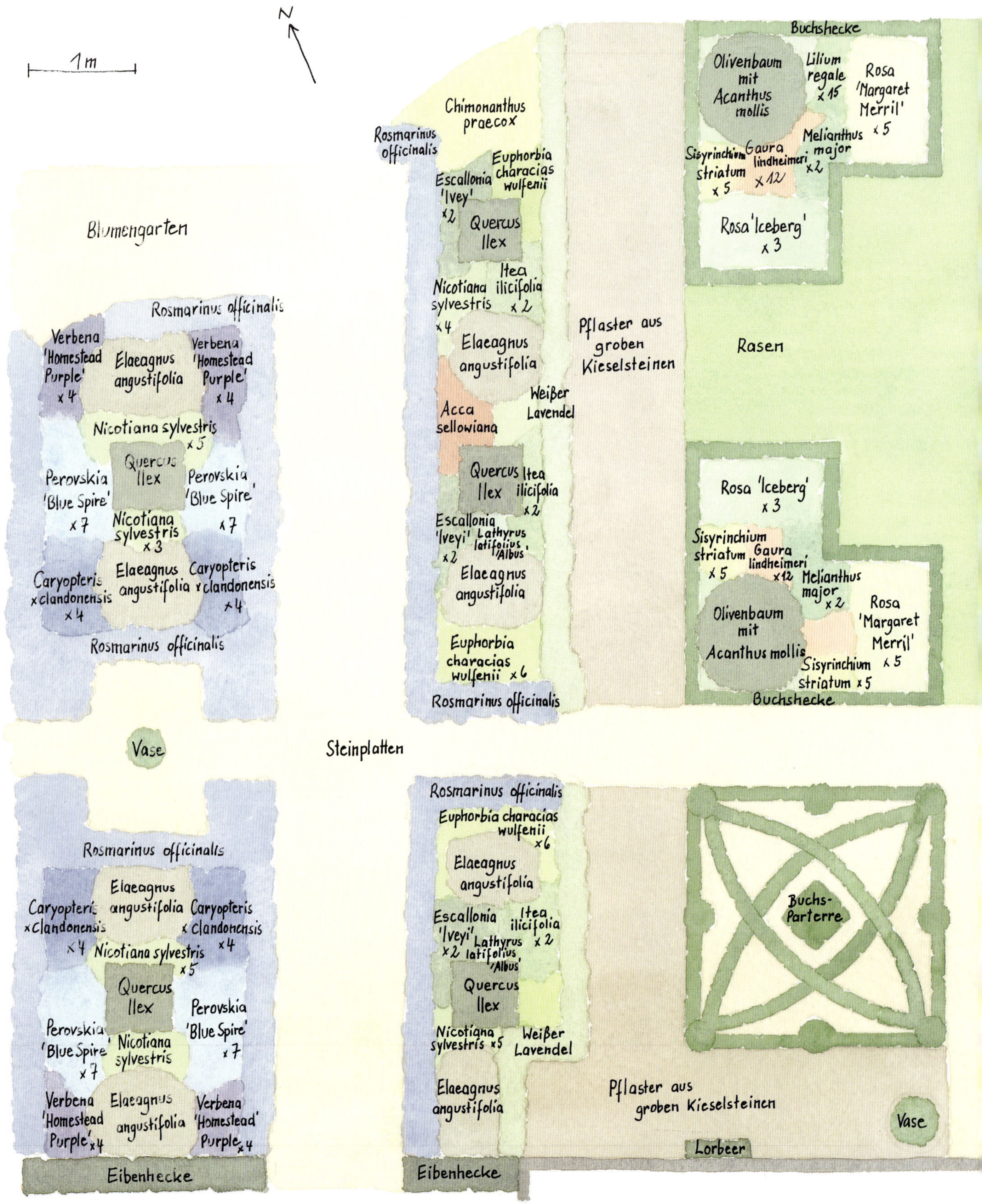
1m
N
Blumengarten
Rosmarinus officinalis
Verbena 'Homestead Purple' x 4
Elaeagnus angustifolia
Verbena 'Homestead Purple' x 4
Nicotiana sylvestris x 5
Quercus Ilex
Perovskia 'Blue Spire' x 7
Perovskia 'Blue Spire' x 7
Nicotiana sylvestris x 3
Caryopteris x clandonensis x 4
Elaeagnus angustifolia
Caryopteris x clandonensis x 4
Rosmarinus officinalis
Vase
Steinplatten
Rosmarinus officinalis
Elaeagnus angustifolia
Caryopteris x clandonensis x 4
Caryopteris x clandonensis x 4
Nicotiana sylvestris x 5
Quercus Ilex
Perovskia 'Blue Spire' x 7
Nicotiana sylvestris
Perovskia 'Blue Spire' x 7
Verbena 'Homestead Purple' x 4
Elaeagnus angustifolia
Verbena 'Homestead Purple' x 4
Eibenhecke
Rosmarinus officinalis
Chimonanthus praecox
Escallonia 'Ivey' x 2
Euphorbia characias wulfenii
Quercus Ilex
Nicotiana sylvestris x 4
Itea ilicifolia x 2
Elaeagnus angustifolia
Acca sellowiana
Weißer Lavendel
Quercus Ilex
Itea ilicifolia x 2
Escallonia 'Iveyi' x 2
Lathyrus latifolius 'Albus'
Elaeagnus angustifolia
Euphorbia characias wulfenii x 6
Rosmarinus officinalis
Pflaster aus groben Kieselsteinen
Buchshecke
Olivenbaum mit Acanthus mollis
Lilium regale x 15
Rosa 'Margaret Merril' x 5
Sisyrinchium striatum x 5
Gaura lindheimeri x 12
Melianthus major x 2
Rosa 'Iceberg' x 3
Rasen
Rosa 'Iceberg' x 3
Sisyrinchium striatum x 5
Gaura lindheimeri x 12
Melianthus major x 2
Rosa 'Margaret Merril' x 5
Olivenbaum mit Acanthus mollis
Sisyrinchium striatum x 5
Buchshecke
Rosmarinus officinalis
Euphorbia characias wulfenii x 6
Elaeagnus angustifolia
Escallonia 'Iveyi' x 2
Itea ilicifolia x 2
Lathyrus latifolius 'Albus'
Quercus Ilex
Nicotiana sylvestris x 5
Weißer Lavendel
Elaeagnus angustifolia
Eibenhecke
Buchs-Parterre
Pflaster aus groben Kieselsteinen
Vase
Lorbeer

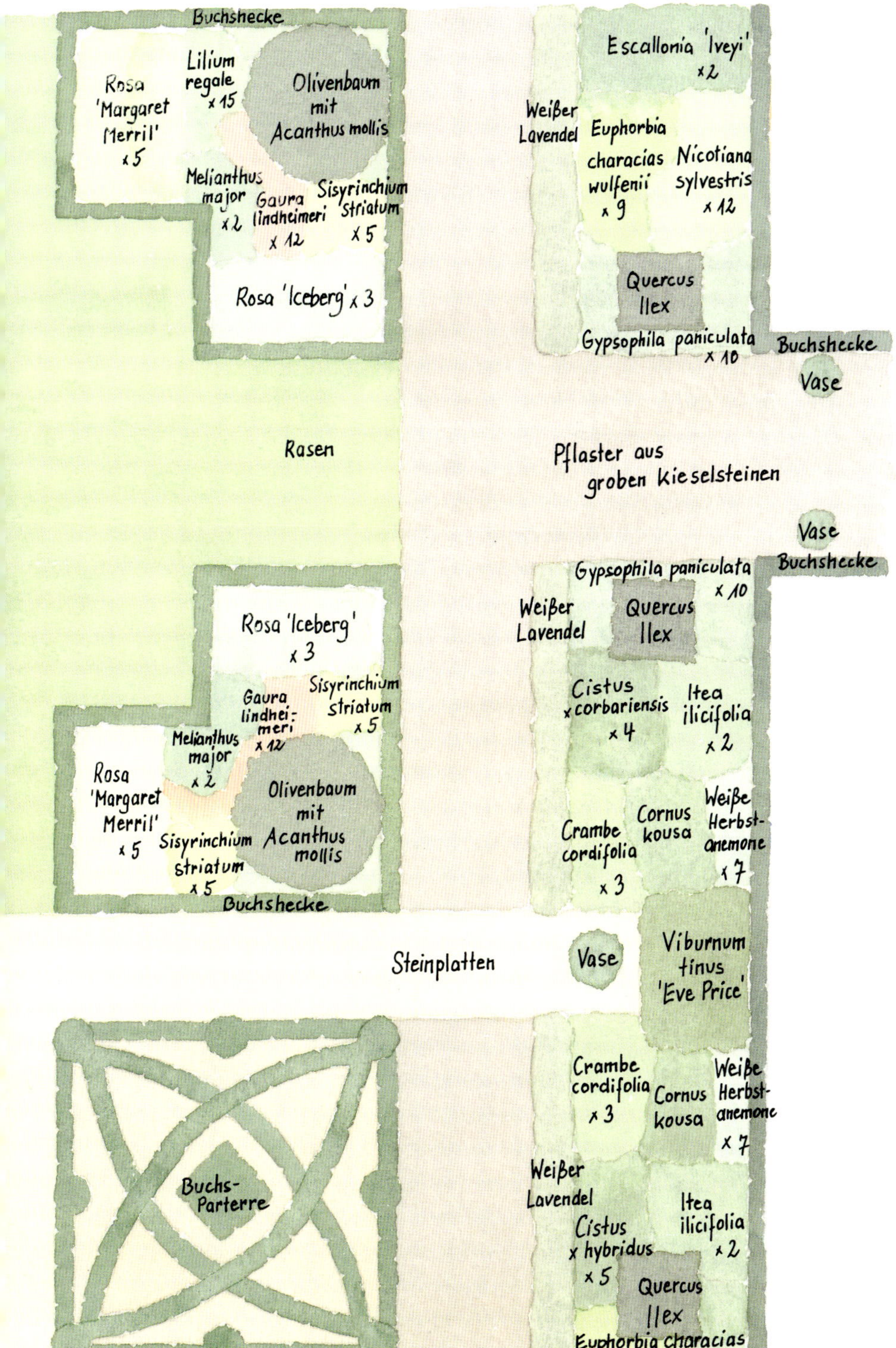

für das richtige Material, sondern auch Freude an dem Arbeitsprozeß haben.

Die Baumschulen Italiens sind zu Recht berühmt für die Größe ihrer Exemplare. Die Marzottos wollten ein schnelles Ergebnis, und mit Hilfe der Margheriti-Baumschule konnten wir Eiben, die schon 1,8 Meter hoch waren, Buchs und Bäume in der gewünschten Größe einpflanzen. Die Arbeit mit großen Gewächsen ist schwierig und anstrengend; es war faszinierend, den Männern von Margheriti zuzusehen.

Im Herbst 1995 war der Grobentwurf ausgeführt, und wir konnten uns den Einzelheiten zuwenden. Zu dem Zeitpunkt konnten wir glücklicherweise einen Gärtner einstellen, Nicholas Lambourne, der in Südfrankreich gearbeitet hatte. Dank seiner Erfahrung (verbunden mit seiner Liebe zu Pflanzen und seinem künstlerischen Auge) konnten wir diese nächste Phase – das Setzen von Blumen, Kräutern und Gemüse – mit Zuversicht beginnen.

Wir füllten die vorbereiteten Beete, als die Sonne noch wärmte und die Pflanzen vor dem Winter anwachsen konnten. Die Temperaturen in dieser Gegend schwanken stark, von heißen (bis zu 35 °C), trockenen Sommern bis zu kalten (minus 10 °C), nassen Wintern. Zum Glück ist der Boden durchlässig, so daß die Pflanzen nicht mit den Wurzeln im kalten Wasser stehen müssen. Die Verluste der ersten Anpflanzung waren gering, und im Frühjahr 1996 vollendeten wir unseren Plan mit Pflanzen aus England, die mit Lastwagen nach Italien gebracht wurden.

Dank der italienischen Sonne und einem wirkungsvollen Bewässerungssystem ist der Garten während seiner ersten Saison sehr gut angewachsen. Manchmal fällt es schwer, sich daran zu erinnern, daß noch vor ein paar Jahren dieses schöne alte Haus auf einer öden Fläche gestanden hat.

Oben *Engelwurz* (Angelica gigas)

Eine Auswahl aus dem Küchengarten

Kräuter

Ysop	Engelwurz
Estragon	Basilikum
Borretsch	Thymian
Zitronenverbene	Schnittlauch

Italienische und Englische Petersilie
Schmal- und breitblättriger Salbei

Beerenobst, u.a.

Rhabarber ('Victoria' + 'Temperley Early')
Schwarze Johannisbeeren ('Ben Lomond' + 'Seabrook's Black')
Weiße Johannisbeeren ('White Versailles')
Stachelbeeren ('Whinham's Industry')
Himbeeren ('Autumn Joy' + 'Glen May')

Schnitt-Rosen

'Polar Star'	'Gertrude Jekyll'
'Margaret Merril'	'Graham Thomas'
'Winchester Cathedral'	'Othello'

Vorhergehende Doppelseite *Im Herzen des Nutzgartens steht ein Lorbeerbäumchen* (Laurus nobilis) *inmitten von acht Hochstammrosen* (Rosa 'Iceberg'). *Das Bild wird durch Metallbögen vervollständigt, an denen Stangenbohnen ranken. Sie hängen in dem Rahmen nach unten und sind leicht zu ernten.*

Unten *Es ist eine Freude, das Gemüse, in ordentlichen Beeten durch ein klares Raster aus Steinwegen gegliedert, anzuschauen. Rankgerüste und Hecken aus Buchs und Hainbuche halten die Anlage optisch auch im Winter zusammen, wenn die Beete leer sind. Jetzt, im Sommer, wächst Porree zwischen den Tomaten, davor gedeihen Karotten. Die knallroten Stiele und die Blattaderung des roten Mangold bleiben bis in den Winter erhalten und liefern Frisches für die Küche.*

Unten *Von der Nord-Ost-Ecke blickt man auf einen neuen, einfachen Gartenraum zwischen den Spalieräpfeln, die den zentralen Rasen eskortieren, und auf die Trompetenbaum-Allee, die den Garten teilt. Der „Raum" wird von einer Eibenhecke und vier Zieräpfeln 'John Downie' umgeben. Hier können Skulpturen oder Vasen ausgestellt werden. Im Hintergrund die viktorianischen Gewächshäuser.*

Ein Skulpturengarten

Oben *Der weiße Garten ist an zwei Seiten von alten Eibenhecken umgeben, vor denen Gartenornamentik sehr gut wirkt. Im Osten und Norden sind das Spalierobst und die Trompetenbäume die Mauern dieses Gartenraums, der zudem durch einen Belag aus roten Klinkern mit Kiesfüllung definiert wird.*

Die Wiederherstellung der Gärten von Dunsborough Park in Surrey ist eine große, ehrgeizige Aufgabe. Inzwischen gibt es fertige Pläne für fast alle Teile, und die Pflanzen in dem von Mauern umschlossenen Garten (Plan gegenüber) sind gesetzt – allerdings sind sie noch sehr klein. Die großen Rabatten sehen in ihrem zweiten Jahr schon recht gut aus; strukturiert durch Hochstamm-Blauregen und -Schneeball.

Teile von Dunsborough Park stammen aus dem 15. Jahrhundert, aber das mittlere Gebäude und die Flügel, die man heute sieht, sind aus dem 17. beziehungsweise 18. Jahrhundert. Das Haus ist in den letzten hundert Jahren auch mehrmals umgebaut worden. Mitte des 19. Jahrhunderts wurden einige reizvolle Gewächshäuser errichtet, und die ummauerten Gärten entstanden wohl auch zu dieser Zeit, obwohl einige der Mauern älter sein könnten. Sir Oliver Simmonds, der während des Zweiten Weltkriegs mit einer Erfindung ein Vermögen gemacht hatte, erweiterte die viktorianische Anlage durch einige interessante Neuerungen, zum Beispiel einen ausgefeilten, geheimnisvollen Wassergarten, ein Alpinium und einen rustikalen Swimmingpool. Nachfolgende Besitzer waren weniger geschickt mit ihren Veränderungen.

Nachdem 1994 Baron Sweerts de Landas Wyborgh und seine Frau das Gelände erwarben, blieb das grundlegende Muster der Backsteinmauern und alten Eibenhecken erhalten, so daß diese strenge Struktur keine großen Veränderungen benötigte. Aber der Garten war nur noch ein trauriges Abbild vergangener Größe. Es waren jahrelang keinerlei neue Pflanzungen in Beeten und Rabatten vorgenommen worden. Immer noch sind Bereiche unvollkommen, aber große Restaurierungen profitieren von einer gewissen Langsamkeit, weil sich manche Ideen erst während der Realisierung anderer Sektionen entwickeln.

Dolf Sweerts handelt mit antiken Gartendekorationen, und obwohl der Verkaufsbereich im Eingangshof liegt, haben wir viele Stellen in dem ummauerten Garten so gestaltet, daß Vasen und Statuen auf Sockeln ausgestellt werden können. Aus geschäftlichen Gründen muß der Garten für Kunden immer attraktiv aussehen, und die Dekorationen, auch moderne, geben dem Ganzen eine vornehme Aura.

Die Sweerts wollten in der Mitte Raum für ein großes Zelt behalten. Dieser Teil schließt sich an den Haupteingang des Gewächshauses an und endet am Tor der nördlichen Mauer. Wir ließen einen Teil der Originalbepflanzung stehen: Hecken und vier goldfarbene Irische Eiben, die im Quadrat eine strenge Eingangssituation für das Glashaus bilden und von dort den Blick zum entfernten Tor leiten. Alte Spalier-

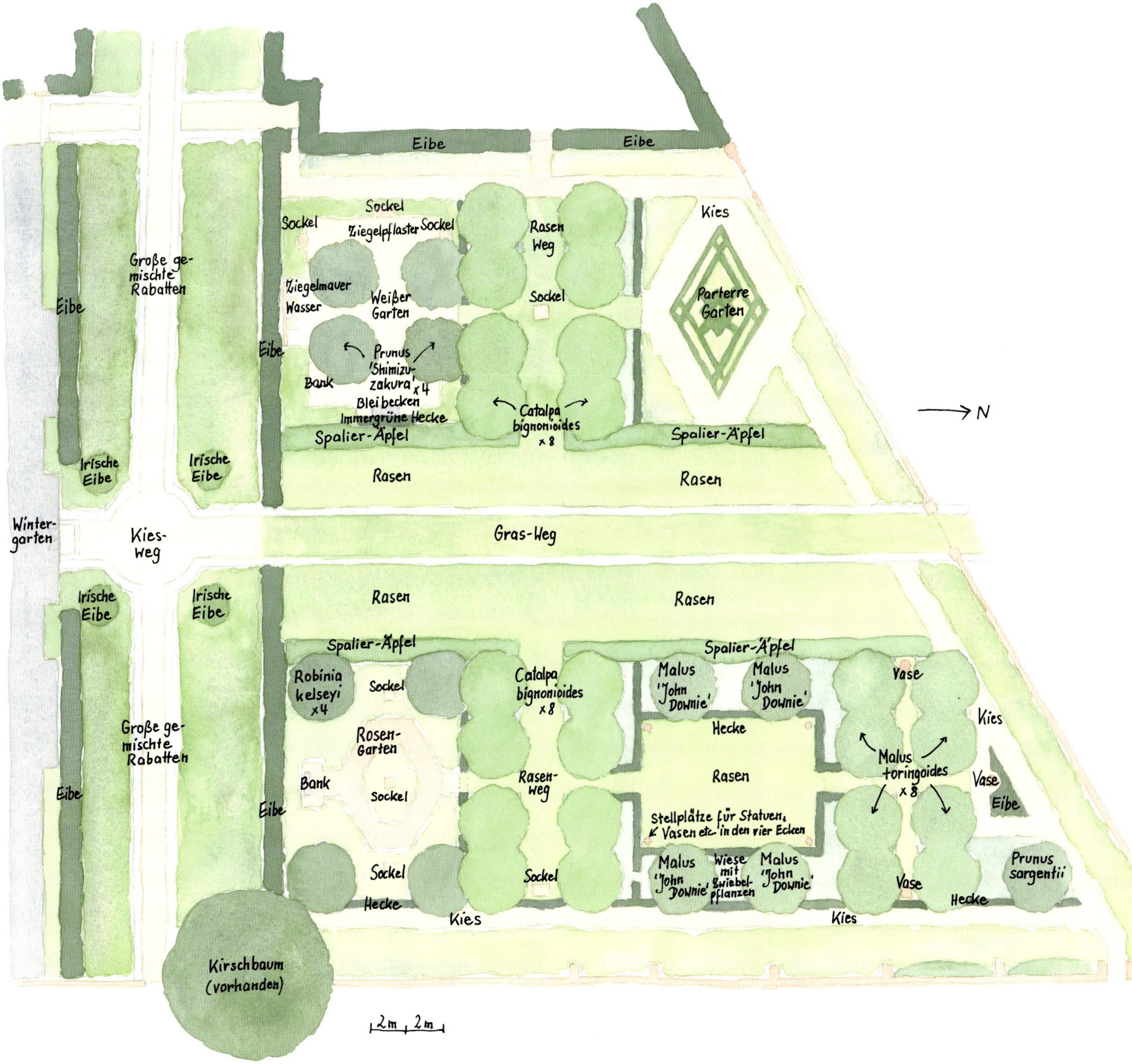
Eibe
Eibe
Sockel
Sockel
Ziegelpflaster
Sockel
Rasen Weg
Kies
Große gemischte Rabatten
Ziegelmauer
Wasser
Weißer Garten
Sockel
Parterre Garten
Eibe
Eibe
Prunus 'Shimizu-zakura' x 4
Bank
Bleibecken
Immergrüne Hecke
Catalpa bignonioides x 8
Spalier-Äpfel
Spalier-Äpfel
Irische Eibe
Irische Eibe
Rasen
Rasen
N
Winter-garten
Kies-weg
Gras-Weg
Irische Eibe
Irische Eibe
Rasen
Rasen
Spalier-Äpfel
Spalier-Äpfel
Robinia kelseyi x 4
Sockel
Catalpa bignonioides x 8
Malus 'John Downie'
Malus 'John Downie'
Vase
Kies
Hecke
Große gemischte Rabatten
Rosen-Garten
Malus toringoides x 8
Bank
Sockel
Rasen-weg
Rasen
Vase
Eibe
Eibe
Eibe
Stellplätze für Statuen, Vasen etc. in den vier Ecken
Malus 'John Downie'
Wiese mit Zwiebelpflanzen
Malus 'John Downie'
Prunus sargentii
Sockel
Sockel
Vase
Hecke
Hecke
Kies
Kies
Kirschbaum (vorhanden)
2m 2m

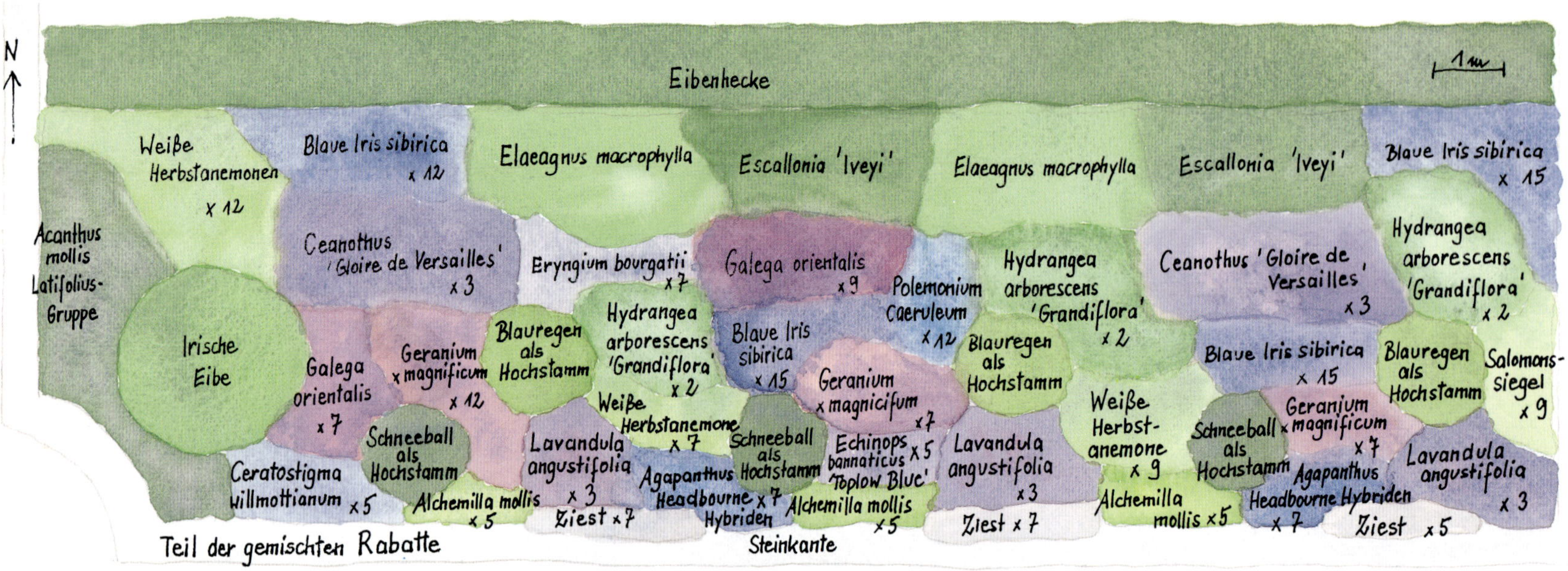

Rechts *Die großen Rabatten, nach Westen zum Haus führend. Strukturgebende Hochstamm-Blauregen* (Wisteria) *und -Schneeball* (Viburnum) *stehen in rhythmischer Abfolge und bilden einen Zusammenhalt für die lockere Anlage, unter anderem mit silbernen Blattpflanzen.*

Links *Die dunkle Eibenhecke ist ein effektvoller Hintergrund für Kugeldisteln, Geißraute, Zierlauch* (Allium christophii)*, Englischen Lavendel und silberblättrigen Ziest im Vordergrund. Lilien und selbstausgesäter Mohn sind noch vom ersten Jahr übriggeblieben.*

Apfelbäume, 3 Meter hoch, mit je vier waagerechten Ästen, eskortieren den Rasenplatz an beiden Seiten. Leider sind sie nicht mehr ganz gesund, aber wir entschlossen uns, sie so lange wie möglich zu behalten. Die übrige Gestaltung orientierte sich an diesen Fixpunkten, aber die Größe erlaubte eine Teilung in weitere kleine Gartenräume.

Auf dem Rasen wurde ein Weg durch zwei Pflastersteinreihen markiert, die auch eine Begrenzung der Beete vor dem Glashaus sind. In der Mitte kreuzt eine von Ost nach West verlaufende Allee aus Trompetenbäumen (*Catalpa bignonioides*), die im Sommer blühen. Sie sind aus architektonischer Sicht das wichtigste Element, denn

durch sie wird die ganze Anlage in vier Teile geteilt, die zu klar abgegrenzten Räumen gestaltet wurden. Als Markierung nahmen wir keine fortlaufenden Hecken, sondern senkrechte Betonungen: kleine breitkronige Bäume – Robinien, Kirschen, Zieräpfel und die Trompetenbäume. Der Rosengarten bekam vier Eckbäume: duftende, rosablühende Robinien (*R. kelseyi*); der weiße Garten vier Zierkirschen (*Prunus* 'Shimizu-zakura' – eine der schönsten Japanischen Kirschen mit langstieligen Blüten, die in Büscheln herabhängen). In der Nord-Ost-Ecke wurde eine Allee aus sechs Zieräpfeln (*Malus toringoides*) mit stark geteiltem Laub, weißen Blüten im Mai und Herbstfrüchten angelegt. Sie stehen neben einem Quadrat mit 'John Downie'-Zieräpfeln, die sich sehr gut für Gelee eignen. Unter den Bäumen liegt ein kurzgeschorenes Rasenstück, von einer Eibenhecke umgeben, das zur Ausstellung von Vasen und Statuen dient. Ein kleiner Garten mit niedrigen Blumenbeeten in der Nord-West-Ecke soll später, wenn die Kinder größer sind, einen rhombenförmigen Pool bekommen. Jetzt stehen dort Pflanzen mit purpurfarbenen Blüten und andere mit weinrotem Laub.

Die Anlage der Doppelbeete vor dem Glashaus ist unverändert geblieben, nur der Weg wurde breiter, damit dort zwei Personen nebeneinander gehen können, und wir legten eine Pflasterkante wie auf dem Rasen. Die Pflanzung wurde völlig neu und weniger bäuerlich gestaltet, denn Dolf Sweerts' klassische Gartendekorationen, die überall stehen, verlangen einen etwas formaleren Ansatz. Hochstamm-Blauregen im Hintergrund und -Schneeball vorne rhythmisieren die Beete auf ihrer ganzen Länge. Sich wiederholende Flächen aus blauen, weißen und rot-lila Blumen, zusammen mit silbernem Blattwerk, passen gut zu den sehr auffälligen Goldeiben, die dort, wo der Weg sich zu einem Platz weitet, den Mittelpunkt bilden. Frauenmantel und grauer Ziest fallen weich über die Beetkante und vervollständigen das Farbschema. In ihrem zweiten Jahr waren die Rabatten schon etwas üppiger, gut gepflegt von den Gärtnern der Sweerts.

Trompetenbäume (Catalpa bignonioides) *flankieren die Terrasse. Diese Bäume mit ihren großen Blättern, deren Fingerhut-ähnliche Blüten (oben) in Büscheln im Hochsommer erscheinen, passen in ihrer Größe zu dem Haus. Die „Bohnen" (unten), erst im Herbst richtig zu sehen, wenn die Blätter fallen, sind fast ebenso attraktiv.*

Ein eleganter Villengarten

Glücklicherweise durften wir mehr als einen Garten für Jil Sander anlegen (siehe Seite 100). Vor kurzem erwarb sie in Hamburg zwei stattliche Villen aus dem 19. Jahrhundert, deren Grundstücke früher bis ans Ufer der Außenalster reichten. Jetzt ist dort ein öffentlicher Park, und eine vielbefahrene Straße verkürzt die Gärten auf 100 Meter. Eine der Villen ist Jils Privathaus, die andere ist Sitz der Hauptverwaltung ihres Modeimperiums.

Im wesentlichen haben wir uns um ihr Wohnhaus gekümmert. Der Garten liegt etwas niedriger, man erreicht ihn über eine steile Steintreppe, und er neigt sich abwärts zu einer großen Trauerbuche, die den unteren Gartenteil wirkungsvoll beherrscht. Jil wünschte sich einen einfachen, eleganten Grundriß, nicht zu viele Blumen (die gibt es in Plön) und eine dichte Neuanpflanzung, um Sicherheit und Privatsphäre zu gewährleisten. Gleichzeitig mußte der klassische Blick auf die Boote der Alster erhalten bleiben, was mit dem Wunsch nach Abgeschiedenheit nicht leicht zu vereinbaren war. Aber manchmal können derartige Beschränkungen die Arbeit positiv beeinflussen.

Der fertige Garten paßt sich heute der Stadtlage an und ist doch für Jil eine private Oase. Hohe Rotbuchenhecken, deren Laub im Winter braun-gold wird, umschließen den Garten. Rhododendren 'Cunningham's White' mit rosa Knospen, die sich schneeweiß öffnen, und kniehohe Buchsbankette liefern winterliches Grün. Wir entwarfen eine großzügige Terrasse, dem Maßstab des Hauses entsprechend, das eine breite Basis verlangte. Darunter wurde der Boden bis zur Buche eingeebnet. Jetzt betonen schmale Alleen aus Kugelkopfbäumen die seitlichen Hecken und säumen parallele Kieswege, während die zentrale Rasenfläche von Eibenkegeln flankiert wird. Es ist ein sehr strenger Entwurf, aber er entspricht der „Aura des Ortes", die eine kompliziertere Anlage vielleicht zerstört hätte. Er paßt auch zu der urbanen Jil Sander und deren Modeschöpfungen, die durch ihren Minimalismus berühmt geworden sind.

Auf der Terrasse war Platz für vier Bäume und vier Beete, die mit Buchs ausgefüllt wurden. Im Sommer stehen hier Töpfe mit lockerem Blumenbesatz. Unterhalb der Balustrade fangen zwei Tröge sprudelndes Wasser aus Wandmasken auf und überspielen ein wenig die Geräusche von der Straße.

Aufriß, zeigt Treppen, Wasserspeier und

Drei weitere Treppenanlagen führen zu der nivellierten Ebene darunter, wo die Alleen und Eibenkegel dem Garten eine vertikale Dimension verleihen. Kieswege, die der Kontur des Hauses entsprechen, führen durch den Garten. Am unteren Ende sollte ursprünglich eine von Eiben umrahmte Steinbank plaziert werden, die Behörden wollten aber eine freiere Sicht erhalten.

Die Hamburger Winter sind kalt; die von uns sonst verwendeten breitblättrigen, immergrünen Pflanzen würden hier nicht gedeihen – wo die Alster zufriert, Schlittschuh gelaufen wird und es Wintervergnügungen auf dem Eis gibt, die an Brueghel-Gemälde erinnern. Wir fuhren mit Jil Sander zur Baumschule Bruns in der Nähe von Bremen, mit klaren Vorstellungen, aber ohne Einkaufsliste. Es ist sehr angenehm, wenn auf diese Weise Kunde, Designer, Gartenbauer und Mitarbeiter der Baumschule zusammenarbeiten können. Für die obere Terrasse wurden Trompetenbäume (*Catalpa bignonioides*) ausgewählt, groß genug für das Haus. Für die Alleen fanden wir Zierkirschen (*Prunus fruticosa* 'Globosa') mit dichten, verzweigten Kronen und glänzendem Laub.

Der Garten ist klein, und seine Umgestaltung erforderte sorgfältiges Vorgehen. Im Herbst 1996 war der Garten fertig. Das ist immer ein aufregender Moment. Wir sind mit dem Ergebnis zufrieden und hoffen, daß Haus und Garten für Jil Sander ein dauerhaftes, friedvolles Zuhause sein werden.

Balustrade

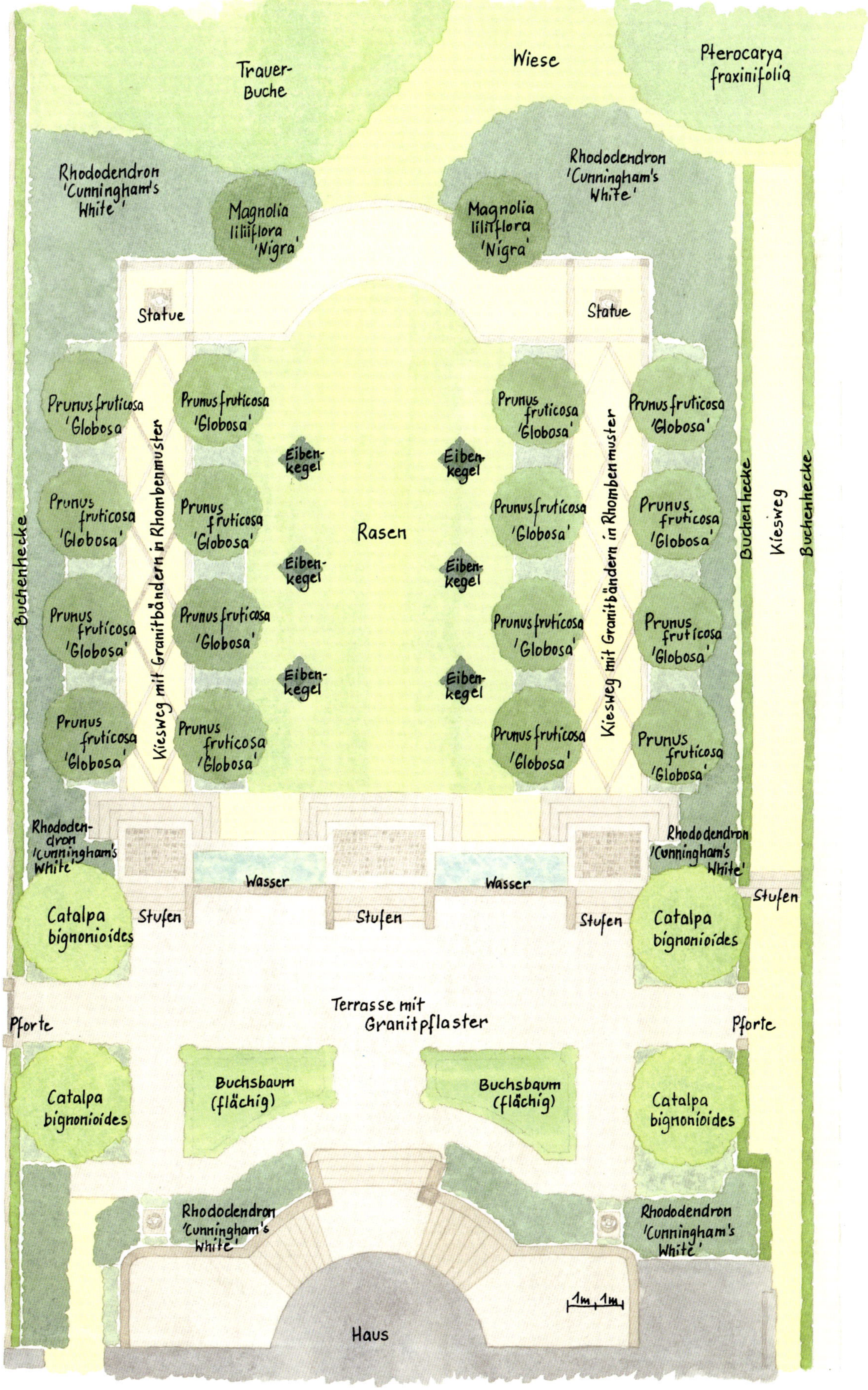

Ein versteckter Stadtgarten

Julie und Stephen Riley leben in einem Reihenhaus im Süd-Westen von London. Als wir den Auftrag für die Gartengestaltung bekamen, war das Haus gerade innen renoviert worden und Julie erwartete ihr erstes Kind. Sie hatten schon viele Vorstellungen bezüglich des Gartens, konnten aber daraus kein klares Konzept erstellen. So entschieden sie sich für unsere Dienstleistung, denn sie wollten einen professionell gestalteten Garten.

An erster Stelle stand der Wunsch nach einem Rasen, auf dem das Baby spielen, und einer Terrasse, auf der man essen konnte. Außerdem wurde ein Gartenhaus gebraucht, in dem Rasenmäher und Möbel untergebracht werden sollten. Stephen schlug vor, aus der Not eine Tugend zu machen und diesen Schuppen witzig zu betonen. Julie wünschte sich Gemüse und Schnittblumen, Stephen unbedingt ein Blumenparterre.

Der Garten ist rechteckig (14 Meter lang, 5,5 Meter breit) und wird an drei Seiten von Ziegelmauern begrenzt, an der vierten durch das Haus. Im 19. Jahrhundert wurden, um zu üben, Lehrlinge mit dem Bau von Gartenmauern beauftragt. Deshalb sind sie unregelmäßig und haben keine klaren Linien. Außerdem gab es einen weißblütigen Kirschbaum.

Weder Julie noch Stephen sind große Gärtner, deshalb wählten wir die Pflanzen aus, aber sie wußten, wie der Garten hinterher aussehen sollte. Er sollte eher formal gestaltet und die einzelnen Elemente sollten klar erkennbar sein. Höhe konnte man durch Rankbögen oder Treillagen gewinnen, die mit duftenden Kletterpflanzen bewachsen sein sollten. Die Rückseite des Hauses war umgebaut worden, so daß zwei große Flügeltüren direkt in den Garten

Rechts *Der Blick in den Garten, der am Ende seines ersten Sommers beginnt, Gestalt anzunehmen. Das Schiefermosaik hat ähnliche Farben wie die silbergraue, blaßblaue Pflanzung.*

Oben links *Zum Haus hin sind unterhalb des Kirschbaums Herbstanemonen 'Honorine Jobert', Kaukasusvergißmeinnicht* (Brunnera macrophylla), *Christrosen* (Helleborus foetidus) *und Alexandrinischer Lorbeer* (Danae racemosa) *gepflanzt worden.*

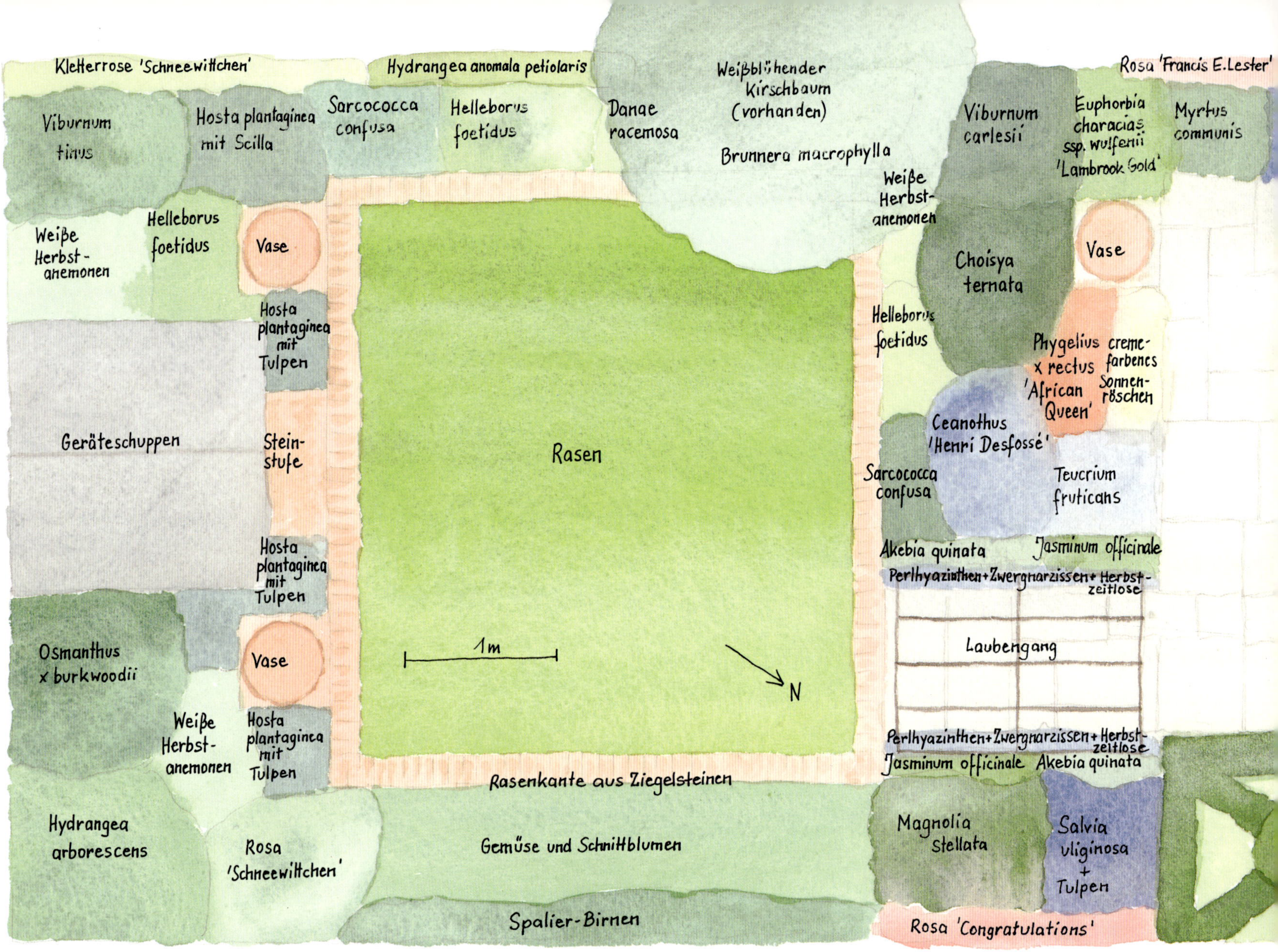

führten, und die Rileys baten mich, die Anlage so zu gestalten, daß sie immer einen schönen Blick von hier hätten. Das Farbspektrum sollte die Farben Blau, Weiß, Creme und Blaßrosa umfassen.

Der Entwurf für einen derart begrenzten Raum, mit so vielen Wünschen und geringen finanziellen Mitteln, kann sowohl ein Segen als auch ein Fluch sein. Es ist schön, wenn Kunden wissen, was sie wollen, aber es kann kompliziert sein, wenn das Ganze auch funktionieren soll. Wir teilten den Garten grob in drei Teile, eine Terrasse aus Steinplatten bildet die Mitte. Man erreicht sie über zwei kleinere Steinterrassen in Verlängerung der beiden Flügeltüren, ein einzelner Weg führt zur dritten Abteilung, der Rasenfläche.

Laubenbögen aus Metall, eine Spezialanfertigung aus Somerset, rahmen beide Zugänge zu der Terrasse und tunnelartig den Weg zum Rasen. Das schuf eine raumartige Atmosphäre mit Ein- und Ausgängen. Wir installierten auch Wassergeräusche: Aus einem Löwenkopfspeier plätschert es in einen Trog.

Das einzige, was fehlte, war Stephens Parterre; zwar gab es eine kleine symmetrische Pflanzung mit einem Muster aus Buchshecken und zwei Lorbeer-Hochstämmen an der Seite der Terrasse, aber ein richtiges Parterre anzulegen war unmöglich. Wir schlugen statt dessen ein Mosaik aus Schieferplatten in Blau, Grün und etwas Rot in der Mitte der Terrasse vor. Die Mauern wurden gestrichen, um den unterschiedlichen Ziegeln einen einheitlichen Ton zu geben, und einfache, umlaufende Holztreillagen erhöhen den Sichtschutz

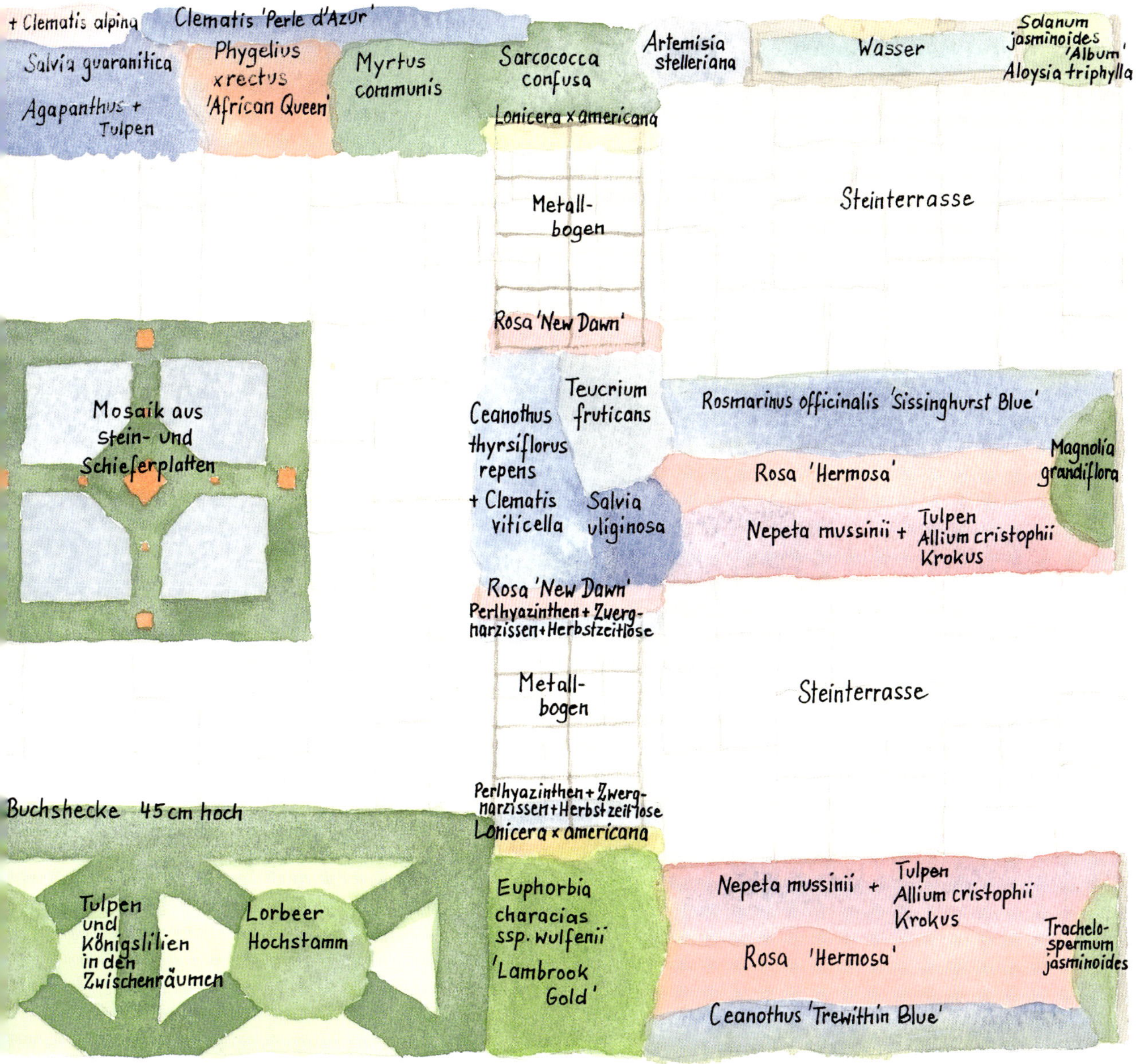

und sind ein Halt für Kletterpflanzen. Am Ende des Gartens steht der Schuppen, in gotischem Stil bemalt in Farben, die zu der Mauer und dem Mosaik passen.

Der Garten ist im Herbst 1995 fertig geworden, und schon beginnen die Kletterpflanzen Wände, Bögen und Holzgitter zu bedecken. Stephen, Julie und ihr Sohn Hector haben einen Garten, der der Mittelpunkt ihres Lebens ist und sie mit Stolz und Freude erfüllt.

OBEN RECHTS *Der Wassertrog ist mit Steinen gefüllt und kindersicher. Er wurde aus Resten der Terrassenplatten gemacht, mit einem Eisenband zusammengehalten und innen mit Silikon abgedichtet. Nach einem Jahr wird der schnellwüchsige Nachtschatten (*Solanum jasminoides *'Album') die ganze Wand bedecken.*

RECHTS *Das einfache Buchsbaummuster ziert eine Seite der Terrasse. Die Abteilungen können mit unterschiedlichen Blumen bepflanzt werden, zum Beispiel mit weißen Tulpen, gefolgt von Königslilien, und im nächsten Jahr vielleicht mit etwas Kräftigerem.*

Gegenüberliegende Seite *Ein Blick durch die Beete im Schnittblumengarten*

Unten *In dem Gartenzimmer werden die Rabatten durch symmetrisch gepflanzte Bäume betont. Der Tontopf zwischen den Hortensien ist ein schöner Blickfang vor der Ligusterhecke. Die flachen Rasenstufen werden von Süßem Pfefferstrauch* (Clethra alnifolia) *und dunkel glänzender Stechpalme* (Ilex glabra) *flankiert.*

Ein Schnittblumengarten im Wald

Alex und Gabrielle Sheshunoff leben in Austin, Texas; den Sommer verbringen sie aber in Prout's Neck, an der felsigen Atlantikküste von Maine. 1994 kauften sie einen Hektar Wald, nur 100 Meter von der Küste entfernt, gegenüber ihrem Haus gelegen. Die Sheshunoffs besaßen bereits ein Gartenhaus neben dem neuen Grundstück, das als Bauland ausgewiesen worden war. Von dem Erhalt dieses Gebiets als Wald und Garten würde die ganze Gemeinde profitieren.

Im August 1994 luden mich die Sheshunoffs ein, und wir besprachen die zukünftige Nutzung dieses bewaldeten Gebiets. Im Norden war es im wesentlichen eine Brutstätte für Moskitos; in der Mitte ragten Felsen hervor; nur im Süden war der Boden tiefgründig. Damals wollten sie alles noch naturnah belassen – lediglich das tote Holz entfernen und soviel Unterbewuchs roden, daß sich einige Pfade hindurchschlängeln könnten. Das Moos sollte sich an schattigen Stellen ausbreiten, und über erhöhte Holzwege würde man auch den nördlichen Teil begehen können. Der Wald besteht hauptsächlich aus heimischen Fichten (*Picea glauca*), Birken (*Betula papyrifera*), Eschen (*Fraxinus americana*), Weißeichen (*Quercus alba*), Wildkirschen (*Prunus serotina*) und Rotahorn (*Acer rubra*); in feuchten Gebieten aus Erlen (*Alnus rugosa* syn. *A. serrulata*). Den Boden bedecken Stechpalmen (*Ilex verticillata*), *Prunus virginiana*, sich selbstaussäende Wildrosen und im Frühjahr Hundszahn (*Erythronium dens-canis*). Es gab keine botanischen Raritäten und nichts von besonderer Schönheit.

Eine Auslichtungsaktion wurde für das Winterhalbjahr beschlossen, und ich sollte im August des nächsten Jahres wiederkommen. In der Zwischenzeit war Gabrielle jedoch eine begeisterte Blumenarrangeurin geworden, und es wurden also Blumen für das Haus gebraucht.

Wir schauten uns zwei bekannte Schnittblumengärten auf der nördlich gelegenen Insel Mount Desert an und beschlossen, einen neuen umfriedeten Garten in dem feuchten Nordgebiet anzulegen – dazu wurde neuer Oberboden benötigt. Außerdem sollte das ganze Grundstück stärker gestaltet werden, die Felspartie zu einem Moosgarten mit einem von mehrstämmigen Birken (*Betula lenta*) umgebenen Teich, der überraschend auftauchen würde, wenn man über die Felsen stieg.

Der Wald sollte sein natürliches Aussehen behalten, nachdem die Grenzbepflanzung dichter geworden war. Aber wir gestalteten darin verschiedene offene und versteckte Gartenräume, die mal in der Sonne, mal im Schatten liegen würden. Dennoch ist keiner dieser Gärten von der Straße oder den Nachbarhäusern her sichtbar.

Der Schnittblumengarten hat sich in zwei Bereiche geteilt. Einem fast quadratischen Teil (22 x 22 Meter) mit diagonal angelegten Beeten und Wegen ist nun ein formaler Gartenraum (10 x 22 Meter) vorangestellt, der neben dem vorhandenen Gartenhaus liegt, um welches meine amerikanische Partnerin Nan Sinton vor einigen Jahren einen Bauerngarten gestaltet hatte.

Im Frühjahr 1996 waren fast alle vorbereitenden Arbeiten abgeschlossen und die Pläne zum größten Teil umgesetzt. Nur der Moosgarten unter den dunklen Fichten braucht noch Zeit, sich zu entwickeln, und auch der Teich wirkt unfertig.

Salvie 'Van Houttei'

Salvie 'Purple Majesty'

Sonnenblume (Helianthus *'Italian White'*)

Zierbohne (Lablab purpureus)

Sonnenhut (Rudbeckia hirta)

Dahlie 'Arabian Nights'

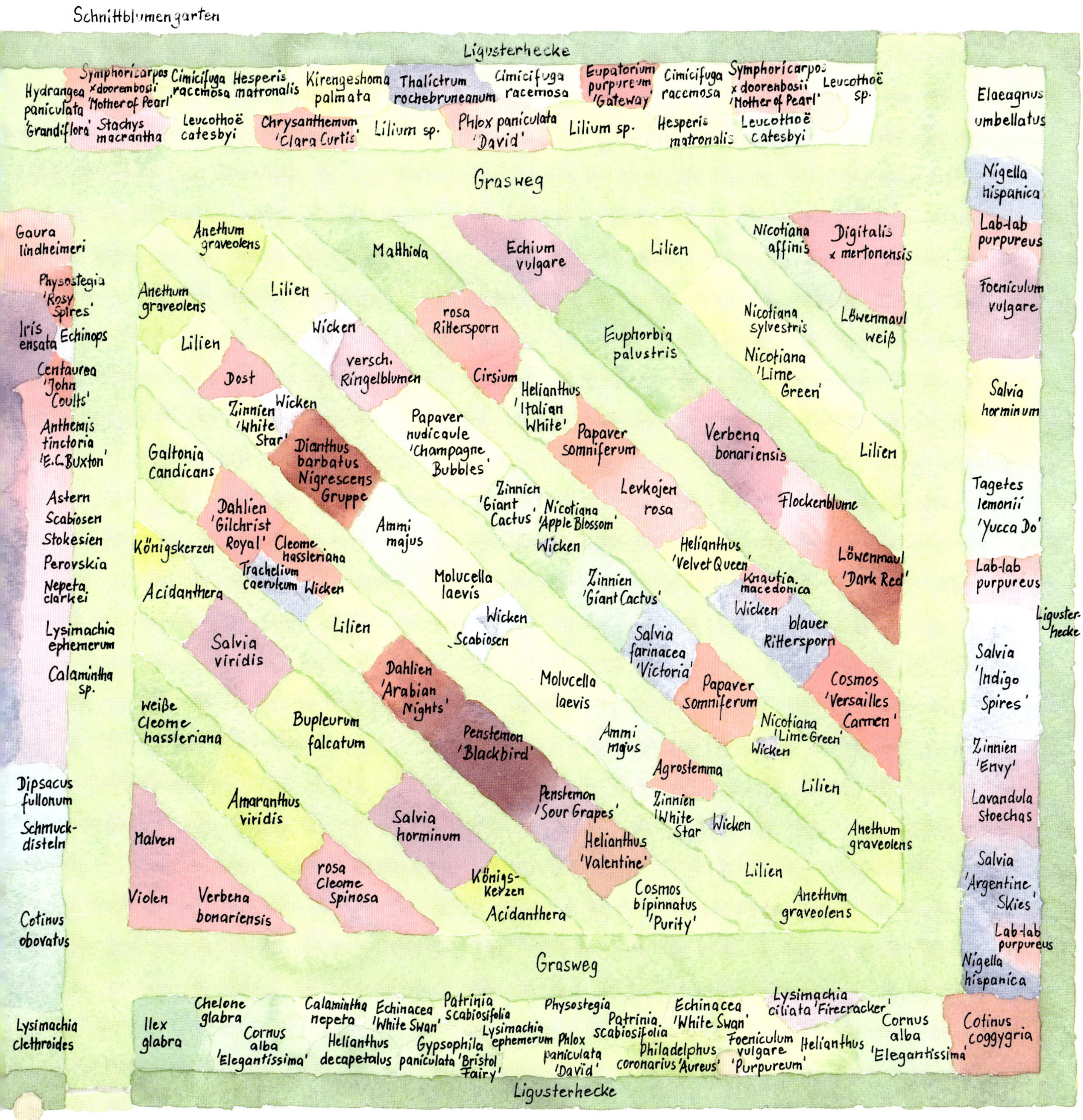
Schnittblumengarten
Ligusterhecke
Hydrangea paniculata 'Grandiflora'
Symphoricarpos x doorenbosii 'Mother of Pearl'
Stachys macrantha
Cimicifuga racemosa
Hesperis matronalis
Leucothoë catesbyi
Kirengeshoma palmata
Chrysanthemum 'Clara Curtis'
Lilium sp.
Thalictrum rochebruneanum
Cimicifuga racemosa
Phlox paniculata 'David'
Eupatorium purpureum 'Gateway'
Lilium sp.
Cimicifuga racemosa
Hesperis matronalis
Symphoricarpos x doorenbosii 'Mother of Pearl'
Leucothoë catesbyi
Leucothoë sp.
Elaeagnus umbellatus
Grasweg
Nigella hispanica
Lab-lab purpureus
Foeniculum vulgare
Salvia horminum
Tagetes lemonii 'Yucca Do'
Lab-lab purpureus
Ligusterhecke
Salvia 'Indigo Spires'
Zinnien 'Envy'
Lavandula stoechas
Salvia 'Argentine Skies'
Lab-lab purpureus
Nigella hispanica
Gaura lindheimeri
Physostegia 'Rosy Spires'
Iris ensata
Echinops
Centaurea 'John Coutts'
Anthemis tinctoria 'E.C. Buxton'
Astern
Scabiosen
Stokesien
Perovskia
Nepeta clarkei
Lysimachia ephemerum
Calamintha sp.
Dipsacus fullonum
Schmuckdisteln
Cotinus obovatus
Lysimachia clethroides
Anethum graveolens
Mathhiola
Echium vulgare
Lilien
Nicotiana affinis
Digitalis x mertonensis
Anethum graveolens
Lilien
Lilien
Wicken
rosa Rittersporn
Euphorbia palustris
Nicotiana sylvestris
Löwenmaul weiß
Nicotiana 'Lime Green'
Dost
versch. Ringelblumen
Cirsium
Helianthus 'Italian White'
Zinnien 'White Star'
Wicken
Papaver nudicaule 'Champagne Bubbles'
Papaver somniferum
Verbena bonariensis
Lilien
Galtonia candicans
Dianthus barbatus Nigrescens Gruppe
Zinnien 'Giant Cactus'
Levkojen rosa
Flockenblume
Dahlien 'Gilchrist Royal'
Nicotiana 'Apple Blossom'
Ammi majus
Königskerzen
Cleome hassleriana
Wicken
Helianthus 'Velvet Queen'
Löwenmaul 'Dark Red'
Trachelium caeruleum
Wicken
Molucella laevis
Zinnien 'Giant Cactus'
Knautia macedonica
Acidanthera
Wicken
Wicken
blauer Rittersporn
Lilien
Scabiosen
Salvia farinacea 'Victoria'
Salvia viridis
Cosmos 'Versailles Carmen'
Dahlien 'Arabian Nights'
Molucella laevis
Papaver somniferum
weiße Cleome hassleriana
Bupleurum falcatum
Nicotiana 'Lime Green'
Penstemon 'Blackbird'
Ammi majus
Wicken
Agrostemma
Lilien
Amaranthus viridis
Penstemon 'Sour Grapes'
Zinnien 'White Star'
Wicken
Salvia horminum
Malven
Helianthus 'Valentine'
Anethum graveolens
rosa Cleome spinosa
Königskerzen
Lilien
Violen
Verbena bonariensis
Acidanthera
Cosmos bipinnatus 'Purity'
Anethum graveolens
Grasweg
Ilex glabra
Chelone glabra
Cornus alba 'Elegantissima'
Calamintha nepeta
Helianthus decapetalus
Echinacea 'White Swan'
Gypsophila paniculata 'Bristol Fairy'
Patrinia scabiosifolia
Lysimachia ephemerum
Physostegia
Phlox paniculata 'David'
Patrinia scabiosifolia
Philadelphus coronarius 'Aureus'
Echinacea 'White Swan'
Foeniculum vulgare 'Purpureum'
Lysimachia ciliata 'Firecracker'
Helianthus
Cornus alba 'Elegantissima'
Cotinus coggygria
Ligusterhecke

Der Schnittblumengarten und sein benachbartes Vorzimmer sind von einer 1,5 Meter hohen Ligusterhecke umgeben. Um die Rasenfläche verlaufen Staudenbeete, durch Kugelrobinien (*Robinia pseudoacacia*) rhythmisch betont. Im August stehen hier die einjährigen Tabakpflanzen (*Nicotiana sylvestris*) und Eisenkraut (*Verbena bonariensis*) bis zu 2,5 Meter hoch. Veronika, Phlox, Astern, Dost und Funkien werden bald die Beete ausfüllen.

Im Schnittblumengarten sind Bäume gefällt worden, um Licht und Platz für die Pflanzflächen zu bekommen. Das ungewöhnliche Muster der diagonalen Beete und Wege stammt aus einem Garten in Mount Desert; man hat einen schönen Blick quer über die Rabatten. Die Rasenwege dazwischen sind 60 Zentimeter breit, von Zedernholzbrettern begrenzt, die im Laufe der Jahre silbergrau werden. Die Beete sind 1,2 Meter breit, und die Blumen sind in quadratischen Blöcken (1,2 Quadratmeter) gepflanzt, wobei große, wie die Tabakpflanzen oder Kosmeen, doppelt so viel Platz bekommen. Anfänglich war der Boden sehr verdichtet, aber Ende Mai waren die Beete mit neuem Oberboden fertig für die Pflanzung. Die Rabatten am Rand des Gartens wurden mit Sträuchern und Stauden besetzt, blaue Zierbohnen klettern an zeltartigen Bambusrankgerüsten empor.

Die Pflanzen wurden in einer lokalen Gärtnerei angezogen, viele aus englischem Saatgut, um am 30. Mai – in sicherem Abstand zum letzten Frost – ausgepflanzt zu werden. Einiges ging schief, aber im August sah der Schnittblumengarten fast wie geplant aus.

Gabrielles Blumen stammen jetzt fast alle aus ihrem Garten, und bald wird sie auch Zweige mit schönem Laub pflücken können. Die ganze Anlage vereint Natur und Gestaltung, wobei der runde Teich im Wald einen kleinen dramatischen Effekt bildet.

OBEN *Auf einer Lichtung im Wald wurde eine Vertiefung für den Teich gegraben und mit Folie ausgekleidet, Gras gesät, und Soden wurden gelegt. Danach pflanzten wir die mehrstämmigen Birken.*

LINKS *Über Schnittblumengarten und „Vorzimmer" hinweg sieht man den Pavillon. Beide umfriedeten Räume sind stark strukturiert, die Kugelrobinien betonen die Senkrechte, und das waagerechte Muster der diagonalen Beete schafft eine klare Einteilung.*

Ganz oben *In dem Wasserbecken vor der Loggia spiegelt sich eine imposante Korkeiche wider. Das Wasser fließt über in ein zweites Becken, wo es gefiltert und zurückgeführt wird.*

Oben *Der Haupteingang, mit Terrakottafliesen und Kieseln gepflastert, ist mit Kübelpflanzen geschmückt: jahreszeitliche Bepflanzung an der Tür und große, strukturgebende Zitronenbäume, die noch eingesetzt werden müssen.*

Ein Ausflug ans Mittelmeer

Ich hatte schon viele Gärten sowohl an der französischen und italienischen Riviera als auch in Kalifornien besucht, aber erst 1995, während der Chelsea Flower Show, bekam ich den Auftrag für die Gestaltung eines Gartens am Mittelmeer mit zarten subtropischen Pflanzen. Unsere Auftraggeberin und ihr Mann bauten gerade ein neues Haus in Südspanien in der Nähe eines der schönsten Golfplätze der Welt. Sie hatte viele meiner Bücher gelesen und mochte meinen Pflanzstil. Ihr Ehemann war begeisterter Golfer, das Haus würde also das ganze Jahr über bewohnt werden, und der Garten sollte immer gut aussehen. Sie wünschte sich eine naturnahe Gestaltung, die alle Möglichkeiten des milden Klimas und der hervorragenden Wachstumsbedingungen ausnutzte.

Für mich war das sehr spannend, denn ich konnte, anders als sonst, viele mediterrane Gewächse verwenden. Es wurde eine Arbeit, die mich sehr forderte und die in bezug auf die Pflanzen ein harter Lernprozeß war. Das Wachstum findet eigentlich im Herbst und während der milden Winter statt und stagniert im heißen Sommer. Man muß die Vorbereitungen und das Pflanzen also im Winter und Frühling durchführen. Durch ein Bewässerungssystem ist reichlich Wasser vorhanden.

Das Grundstück liegt in den Ausläufern des Gebirges an der Küste von Gibraltar, wenige Kilometer vom Meer entfernt. Die Landschaft wird geprägt von Korkeichen (*Quercus suber*), die an manchen Orten auch noch gewerblich angebaut werden, in offenen Wäldern mit reichlich Unterholz. Dort, wo sie natürlich vorkommen, stehen sie auf kieselsäurehaltigem Grund (entsteht durch den Verfall kieselsäurehaltiger Felsen). Nach gärtnerischen Erfahrungen gedeihen sie auf sandigem, sehr durchlässigem Boden und passen sich im Garten leicht an – auch dem Bewässerungssystem, das in dieser Region, wo die Trockenheit oft über Jahre andauert, unverzichtbar ist. Das unterscheidet sie von den amerikanischen Lebenseichen (*Q. virginiana* und *Q. agrifolia*), die künstliche Bewässerung nicht vertragen, zu Wurzelfäule neigen und auf Bodenverdichtung negativ reagieren. Gärtner in Spanien brauchen bei der Korkeiche derartige Rücksichten nicht zu nehmen.

Glücklicherweise standen einige alte Korkeichen in der Macchia des Grundstücks, und nach dem Auslichten und Düngen sind sie mit einigen wilden Olivenbäumen zu einem wichtigen Merkmal des Gartens geworden. Bevor das Gelände für die Bauarbeiten planiert wurde, wuchsen unter den Eichen Erdbeerbäume (*Arbutus*), Baumheidekraut, Mastix-Baum und Terpentin-Pistazie (*Pistacia lentiscus* und *P. terebinthus*), Kreuzdorn, Zistrosen und Ginster – alles typische Macchia-Pflanzen, son-

N
Gemischte Bepflanzung
Der weiße Garten
Gemischte Bepflanzung
Granatapfel-Garten
Gemischte Bepflanzung
Rasen
Wiese mit Zwiebelpflanzen
Wasserbecken
Rasen
Wassergraben
Swimming-Pool
Terrasse
Schnittblumen Garten
Wasser-becken
Terrasse
Wiese mit Zwiebelpflanzen
Haus
Gemischte Pflanzung
Kräuter-Garten
Garten-haus
Rasenweg
Rasen
Terrasse
Garage
Wiese mit Zwiebelpflanzen
Gemischte Pflanzung
Auffahrt
Gemischte Bepflanzung
Brunnen
Parkplatz
Haupt-eingang
Parkplatz
3m
Gemischte Pflanzung

nenhungrig, trockenheitsverträglich, mit aromatischem Laub. Wir beschlossen, wieder einige einheimische Immergrüne als Sichtschutz an die Grenze des Grundstücks zu pflanzen. Es ist aber oft nicht leicht, gute Exemplare einheimischer Gewächse zu bekommen. Pistazien zum Beispiel sind in Baumschulen unbekannt, aber sie regenerieren sich schnell aus Wurzelresten, und einige trieben nach der anfänglichen Planierung wieder aus. Andere mediterrane Pflanzen haben wir hinzugefügt: Lorbeer (*Laurus nobilis*) in großen Mengen, Schneeball (*Viburnum tinus*) und Steinlinden (*Phillyreas*) als immergrünen Wandschirm, weitere Oliven, Judasbaum (*Cercis siliquastrum*), *Ceratonia obliqua*, Brandkraut (*Phlomis fruticosa*), Myrten, Rosmarin und Akanthus. In einem Jahr wird man das Haus von der Straße nicht mehr sehen können.

Das neue Haus, von dem brillanten Architekten Eduardo Dorissa Rosanes aus Sevilla in typisch andalusischem Stil entworfen, hat schattige Loggien und unter Bäumen liegende Terrassen. Als wir es zum ersten Mal als Rohbau inmitten einer Schlammwüste sahen, wußten wir, daß es eine Einbettung in die Landschaft brauchte. Der größte Teil des Gartens, sanft nach Süd-Osten abfallend und von Korkeichen geprägt, ist naturnah gestaltet worden mit einer Mischung aus einheimischen und exotischen Pflanzen, die das ganze Jahr über gut aussehen. Die Grassaat wurde uns von den Fachleuten des Golfplatzes empfohlen, passend für den Schatten unter den Eichen. Kurzgemähte Rasenwege führen zu offenen, sonnigen Flächen, wo sich hoffentlich die von uns gesetzten einheimischen Zwiebelpflanzen, Narzissen und Krokus, ausbreiten werden, die eigentlich nicht in der Macchia, sondern auf Wildwiesen wachsen. Über einen Pfad gelangt man zum weißen Garten, in dem Rosen, Zitronenverbenen, weißer Mönchspfeffer, Zistrosen, Falscher Jasmin und Agapanthus einen dichten Bewuchs bilden.

Zwischen den Korkeichen neigt sich ein breiter Weg abwärts zu einer Lichtung in dem niedriger gelegenen Gehölz, wo wir einen ovalen Teich anlegten, der durch eine Wasserrinne gespeist wird und mit Lilien und Zypergras umpflanzt wurde. Trotz des normalerweise trockenen Bodens konnten wir hier mit Hilfe des Bewässerungssystems feuchtigkeitsliebende großblättrige Pflanzen setzen: rote Canna, verschiedene Ingwer, blaublütigen Natternkopf, Feijoas, *Melianthus major* und Agaven (*Beschorneria yuccoides*) aus Mexiko mit ihren fleischigen, lanzettförmigen Blättern. Im nächsten Frühjahr würde sich hier eine elegante Üppigkeit entwickelt haben.

Der Garten um das Haus herum ist etwas anspruchsvoller, mit Terrassen, Wasserbecken und Brunnen, geteilt von immergrünen Hecken, die eine Abfolge von miteinander verbundenen Flächen bilden. Die Hecken bestehen aus Myrte, australischer *Eugenia myrtifolia*, verschiedenen Klebsamen (*Pittosporum tobira* und *P. t.* 'Nana'), alle mit duftenden Blüten und gesundem, glänzendem Laub. Durch Bewässerung und Wärme wächst alles sehr schnell und muß oft geschnitten werden.

Auf den Terrassen und um die Wasserbecken herum pflanzten wir Unterschiedliches: graublättrigen Australischen Rosmarin (*Westringia fruticosa*) mit lavendelfarbenen Blüten, Engelstrompeten (*Brugmansia*), Ingwer, bodendeckenden Rosmarin, Lavendel (*L. stoechas* ssp. *pedunculata*) und große Gruppen von weißem und blauem Agapanthus. Ein Jacarandabaum beschattet die Swimmingpool-Terrasse.

Viele Kletterpflanzen schmücken das Haus und die Bögen, die die verschiedenen Terrassen miteinander verbinden. Das Haus ist dunkelrosa gestrichen, deshalb vermieden wir gelbe Blüten. Weiße Wisterien ranken über die Eingangsloggia bis auf das Dach. Immergrüner, duftender weißer Sternjasmin, weißer und blauer Bleiwurz, rosa Mandevillas, *Thunbergia grandiflora* mit violett-weißen Blüten, echter Jasmin und Nachtschatten bedecken die Mauern des Hauses.

Es gibt noch viel zu tun. Die Pflanzungen des Winters 1996 müssen einwachsen und sich entwickeln. Stauden und Zwiebeln sind gesetzt worden, und die Rosen unter den Eichen sollen noch nach oben klettern und Blütenkaskaden bilden. Ich möchte noch verschiedene Salvien aus verwandten Klimazonen Amerikas anpflanzen. Aber in wenigen Jahren (das Wachstum hier ist außerordentlich) wird der Garten fertig sein. Schon jetzt bettet sich das Haus komfortabel zwischen die Eichen und den wachsenden Garten.

Gegenüberliegende Seite oben *Der immergrüne, silberblättrige* Melianthus major *aus Südafrika ist wegen seines auffälligen Blattwerks gepflanzt worden.*

Gegenüberliegende Seite mitte *Der blaue Nachtschatten* (Solanum rantonnetii *syn.* Lycianthes rantonnetii) *aus Südamerika braucht eine Rankhilfe an der Hauswand.*

Gegenüberliegende Seite unten *Blick über eine Treppe und einen Bogengang, der zwei Terrassen an der Südseite des Hauses verbindet.*

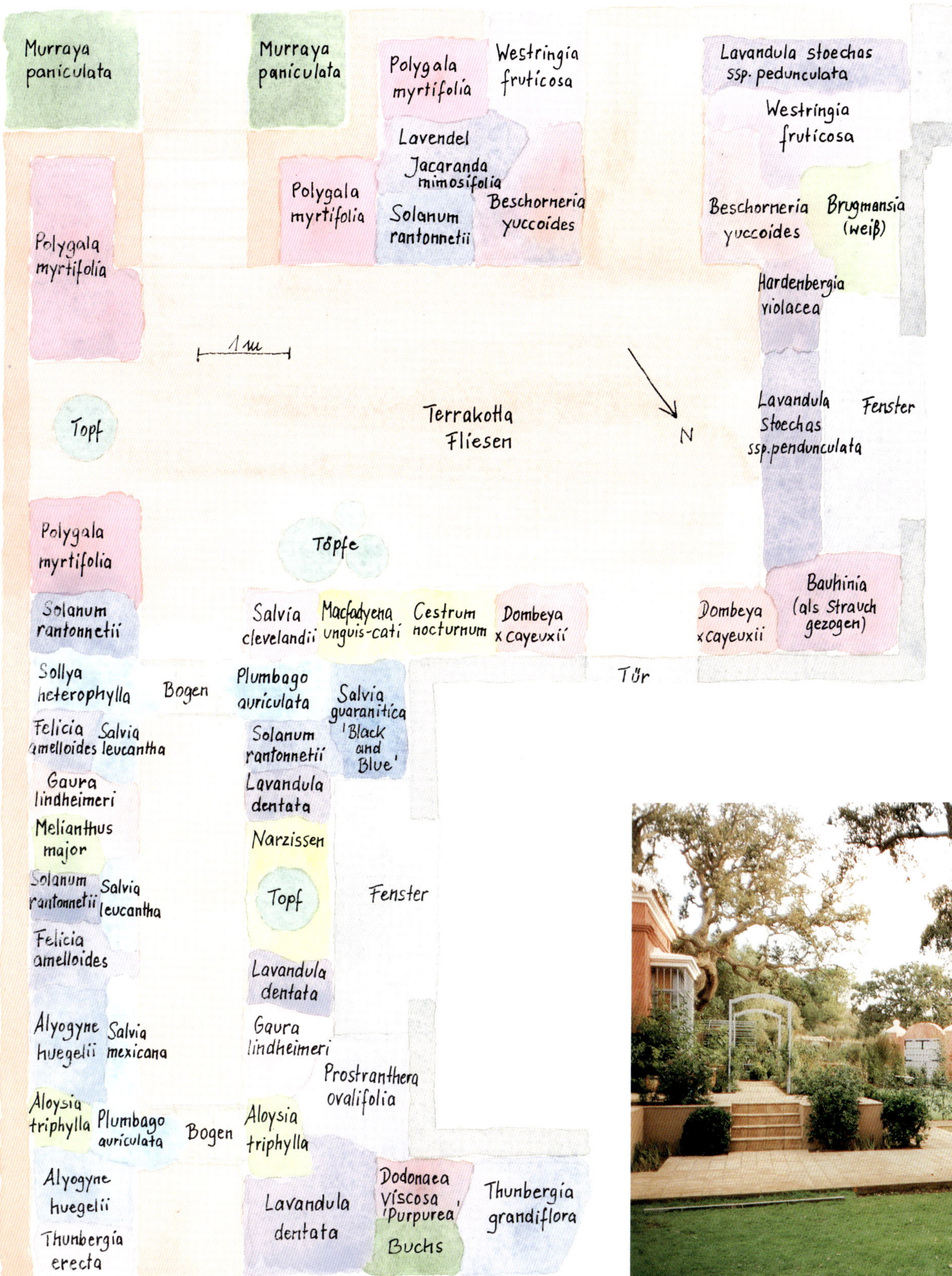

Bepflanzung der Terrasse

Üppigkeit und Strenge in meinem eigenen Garten

Gegenüberliegende Seite *Im Norden und Westen sind die Hügel von Dorset ein wunderbarer Hintergrund für den Garten. Der ummauerte innere Garten hat zwei Ebenen, in der Mitte des unteren Teils ist statt eines Rasens ein Kiesgarten entstanden, mit einem Kreuzweg, der im Zentrum ein kleines Wasserbecken aus französischem Kalksandstein hat.*

Wir kauften unser Haus – eine Kutscherhaus-Ruine – in Bettiscombe wegen seines einmaligen Ausblicks in die Landschaft von Dorset und wegen des dahinter liegenden, von Mauern umschlossenen Gartens. Als ich 1993 dann von Tintinhull dorthin zog, war mein Mann John Malins bereits gestorben. Aber wir hatten gemeinsam das Bild für die fast 3000 Quadratmeter große, leere Gartenleinwand entworfen. Die Wiese an der Nordseite des Hauses sollte ein Obstgarten werden – am Hügel gelegen, mit der Hochebene im Hintergrund – mit Bäumen, die sich in die natürliche Umgebung einfügen. Holzäpfel, Maulbeeren und alte Apfelsorten (ein Geschenk des Gärtners meines Colleges, Girton in Cambridge) schienen passend. In dem fast quadratischen, von Mauern umschlossenen Garten sollte durch eine formale Gestaltung – parallele Wege im rechten Winkel zu den Grenzen, Blickachsen und in der Mitte eine Rasenfläche – eine enge Anlehnung an Tintinhull geschaffen werden.

Während das Haus bewohnbar geworden war, hatten wir den inneren Garten in zwei Höhen geebnet und durch drei flache Treppen aus alten Bordsteinen verbunden, rechts und links von kriechenden Rosen und Stauden begrenzt. Wir hatten auch die wichtigste Blickachse entwickelt, indem man durch zwei gegenüberliegende Glastüren durch das Haus hindurch auf eine beschnittene Eibenallee schauen kann. Diese Durchlässigkeit von außen nach innen verbindet den von hohen Mauern umschlossenen *hortus conclusus* mit dem Obstgarten und der Landschaft. Für die Wege verwendeten wir ein örtliches Material, mit Tonstaub verdichteten Kies.

Die Grundstruktur des Gartens war entstanden, und ich stand nun vor dem Problem, den schwierigen Boden in brauchbare Gartenerde zu verwandeln, bevor die Bepflanzung im einzelnen beginnen konnte. In Bettiscombe gibt es schweren Lehmboden. Im Winter saugt er sich mit Wasser voll, und im Sommer trocknet er zementartig ein. Wir hatten schon Unkrautvernichter gegen japanischen Knöterich und Ackerwinde eingesetzt, aber für die Bodenverbesserung brauchte ich Hilfe. Mein getreuer 12-Stunden-in-der-Woche-Gärtner Brian Gray hatte gegraben und gemulcht. Es wurde Mutterboden gekauft, alles drei- bis viermal in doppelter Spatentiefe umgegraben und Sand sowie Champignon-Anzuchtskompost, dessen Gipsanteile den Lehm gut auflockern, eingearbeitet. Nach dieser Vorbereitung graben wir nun nicht mehr, sondern fügen bei jeder Pflanzung eine Handvoll groben Sand (6 Millimeter) hinzu. Mindestens einmal im Jahr werden alle Beete gemulcht; am besten im Herbst und, wenn möglich, im Frühsommer.

Oben *Blick nach Norden durch die Glastür über die Wiese und durch die Allee aus Eibenkegeln zu der Hügelkette dahinter.*

Die Bepflanzung des Gartens ist so geplant, daß sie zukünftig nicht zu viel Arbeit macht und meinen gärtnerischen Ruhestand erleichtert. Bettiscombe liegt zwar 75 Meter über dem Meeresspiegel, aber so weit süd-westlich und nahe des Kanals, daß man mit empfindlicheren Pflanzen experimentieren kann als in dem kälteren Tintinhull. Ich pflanzte viele sommerblühende Sträucher, besonders zarte Immergrüne; nach und nach werden sie den Stauden immer weniger Platz lassen; Farbe im Herbst werden kleinblütige Viticella-Klematis liefern, die durch sie hindurch ranken.

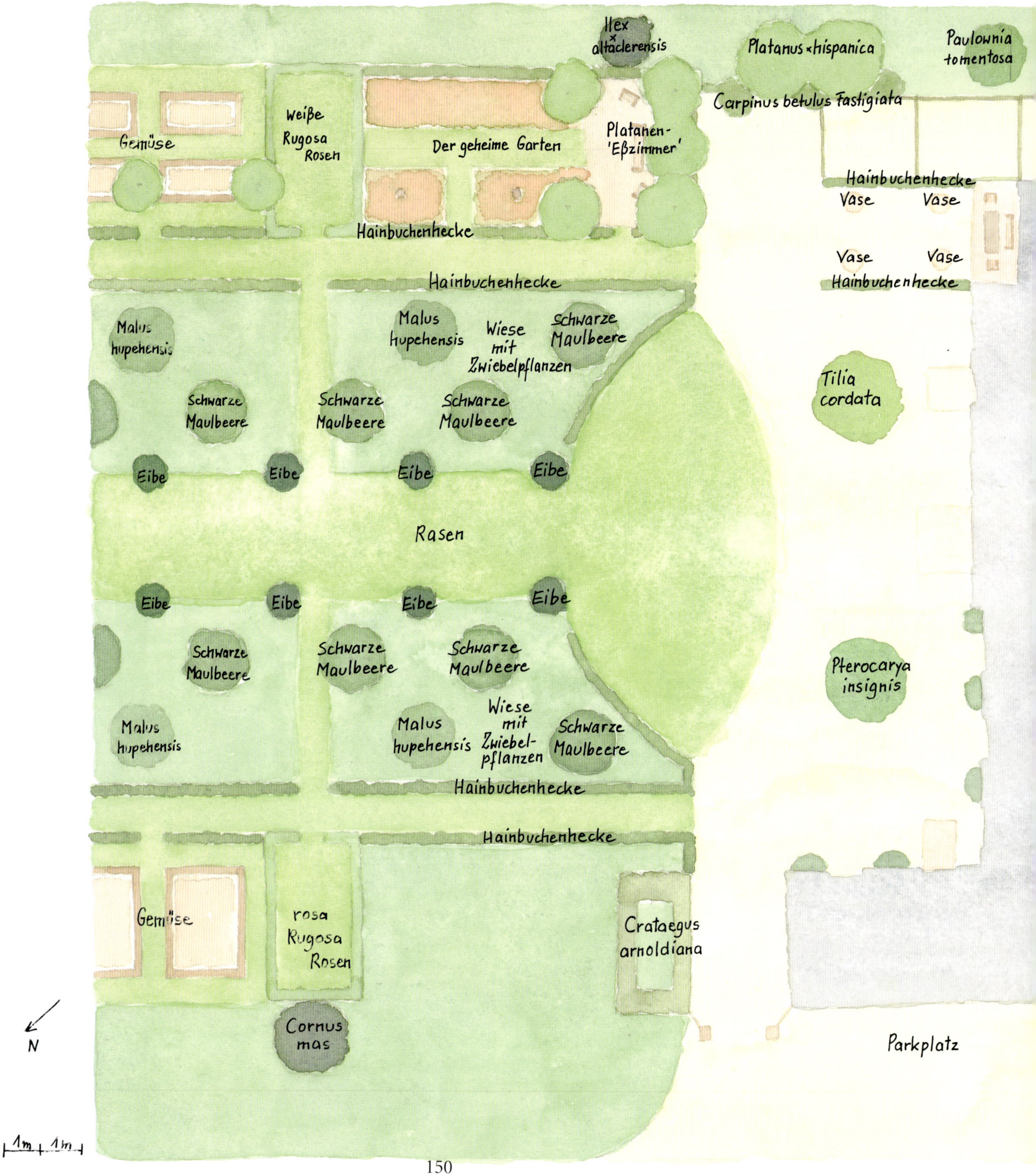
Ilex × altaclerensis
Platanus × hispanica
Paulownia tomentosa
Carpinus betulus Fastigiata
Weiße Rugosa Rosen
Gemüse
Der geheime Garten
Platanen-'Eßzimmer'
Hainbuchenhecke
Vase
Vase
Hainbuchenhecke
Vase
Vase
Hainbuchenhecke
Hainbuchenhecke
Malus hupehensis
Malus hupehensis
Wiese mit Zwiebelpflanzen
Schwarze Maulbeere
Tilia cordata
Schwarze Maulbeere
Schwarze Maulbeere
Schwarze Maulbeere
Eibe
Eibe
Eibe
Eibe
Rasen
Eibe
Eibe
Eibe
Eibe
Schwarze Maulbeere
Schwarze Maulbeere
Schwarze Maulbeere
Pterocarya insignis
Malus hupehensis
Malus hupehensis
Wiese mit Zwiebelpflanzen
Schwarze Maulbeere
Hainbuchenhecke
Hainbuchenhecke
Gemüse
rosa Rugosa Rosen
Crataegus arnoldiana
Cornus mas
N
Parkplatz
1m 1m

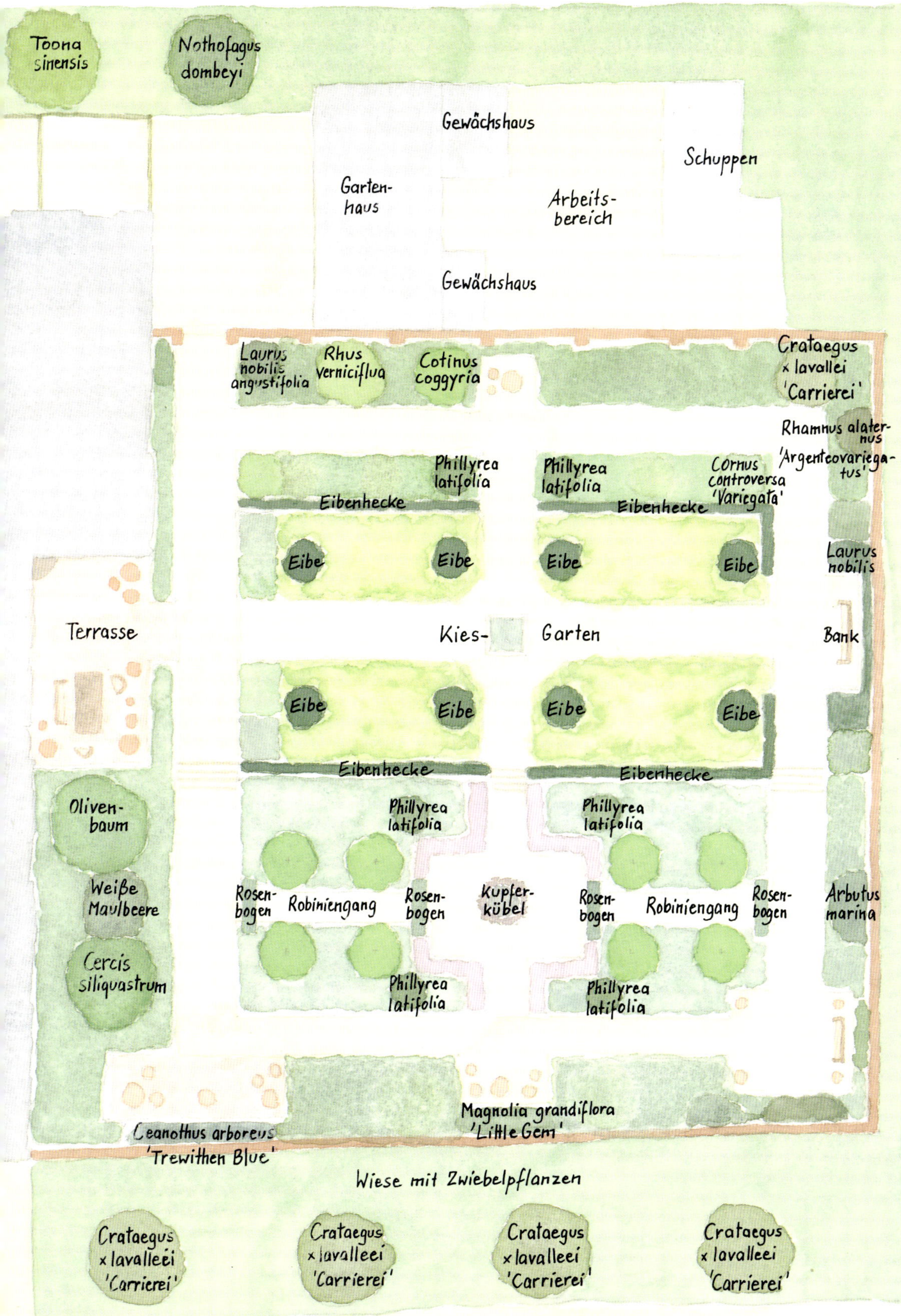

Eine gelbe Klematis 'Bill MacKenzie' windet sich durch eine blaue Säckelblume an der Wand des oberen Gartens.

Eine gefüllte Rosa banksiae *wächst aus einem umgedrehten Rhabarber-Anzuchtstopf an der Südwand des Hauses.*

Auf der oberen Ebene wurden strukturgebende Pflanzen eingesetzt, die den Raum würfelförmig ausfüllen und verschiedene Zimmer mit unterschiedlichen Themen und Farben bilden. Hier wachsen Frauenmantel, Storchschnabel, Christrosen, Stockrosen, Jakobsleiter, Fenchel 'Purpureum' und Meerkohl. Acht Kugelrobinien 'Umbraculifera' und vier Steinlindensäulen bilden die Architektur der Anlage; Metallbögen – für Kletterrosen und spätblühende Klematis – rahmen den zentralen Weg. Die hohen Mauern sind mit Kletterpflanzen und meist frühjahrsblühenden Sträuchern bepflanzt – Klematis sorgen im Sommer und Herbst für Farbe. Nach drei Wuchsperioden durchwebt eine Klematis die blaue Säckelblume, und weiße *Rosa banksiae*, Kletterhortensien (*Hydrangea anomala petiolaris* und *H. seemannii*), Schizophragma, Stauntonia, Holboellias, blauer und weißer Nachtschatten (*Solanum crispum* 'Glasnevin' und *S. jasminoides* 'Album') bedecken die Mauern. In den Rabatten blühen Kronwicken, Winterrinde, Rosmarinweide, *Heptacodium jasminoides* aus dem Arnold Arboretum und viele verschiedene Baumastern – eine Sammelleidenschaft von mir. Ein Exemplar *Magnolia delavayi* hat zwar zwei Winter überstanden, aber noch nicht geblüht. Falscher Jasmin und Strauchrosen duften im Juni und Juli. Die kleineren Pflanzen – Sträucher, Stauden und Zwiebeln – sind unter anderem Lavendel, Rosmarin, Brandkraut (manches davon als Steckling aus Griechenland), Allium, Agapanthus und verschiedene Salvien, die jährlich aus Samen oder von Stecklingen kultiviert werden. Obwohl es eigentlich keine durchgängige Farbplanung gibt, ist eine Rabatte hauptsächlich blau, eine andere altrosa mit grauem und rotem Laub und eine weitere weiß.

Der niedriger liegende Rasen ist mit acht Eibensäulen bepflanzt und von einer 30 Zentimeter hohen Eibenhecke umgeben, die aber nur einen Meter hoch werden soll. Ich pflanzte einen breitkronigen Weißdorn (*Crataegus* x *lavalleei* 'Carrierei'), einen großen Hartriegel (*Cornus controversa* 'Variegata'), zwei weitere Steinlinden, einen Perückenstrauch *(Cotinus coggygria)* und einen Essigbaum *(Rhus verniciflua)*, um die Dächer der Gartenschuppen zu verdecken

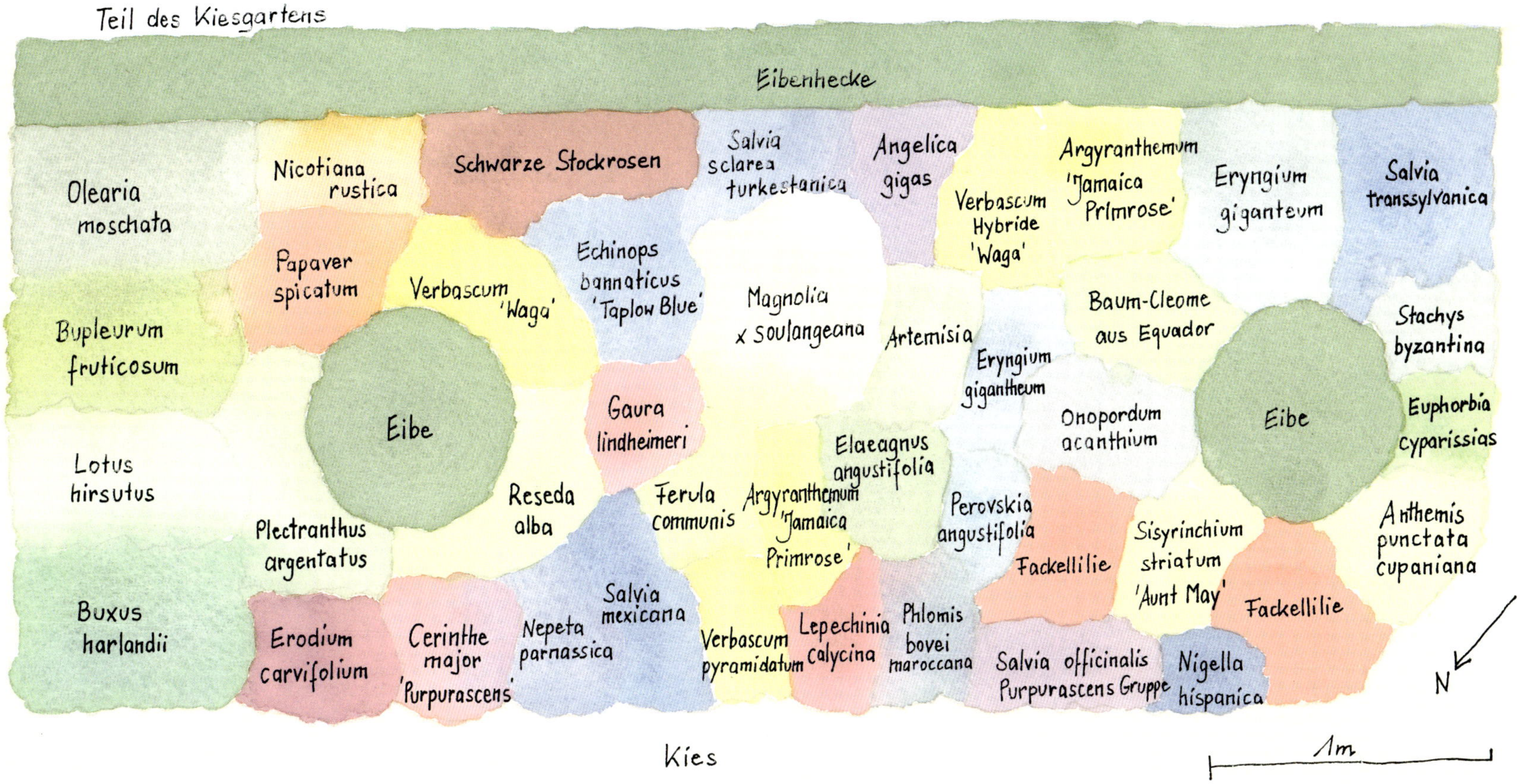

und ein wenig Abgeschiedenheit zu gewährleisten.

1995, nach einer langen Trockenperiode, beschloß ich, den Rasen abzuschaffen. Ich bekomme nur begrenzt Wasser von einem Nachbarn; nie genug für meine Pflanzen und Töpfe. Ich wünschte mir einen Kiesgarten, in dem einige Sträucher um die Eiben herum für Volumen sorgen, aber der Rest aus mediterranen Pflanzen bestehen würde, die sich selbst aussäen und natürlich wirkende Gruppen bilden. Angeregt wurde ich dazu durch Beth Chattos Kiesgarten in Essex und John Brookes' Versuche in Denmans in Sussex. Aber sowohl der Entwurf als auch die Bedingungen sind in Bettiscombe anders. Zwar sollte die Bepflanzung natürlich wirken, aber sie

Gegenüberliegende Seite *Ein Blick über den Garten zeigt die raumfüllenden Kugelrobinien im oberen Teil. Im Kiesgarten sind die Eibenhecken und -kegel kaum sichtbar. Es wird einige Jahre dauern, bis sie diesem Teil ihren prägenden Charakter verleihen.*

Rechts *Eine griechische* Cerinthe major *'Purpurascens' mit ihren merkwürdigen, helmartigen Blüten in Purpur-Blau. Aus Samen gezogen, wächst sie mit Disteln* (Onopordum acanthium), *panaschierter Iris* (I. pallida *subsp.* pallida) *und Katzenminze* (Nepeta sibirica *'Souvenir d'André Chaudron'*).

Folgende Doppelseite *Ein Kupferkessel, bepflanzt mit blauem Strandhafer und Ehrenpreis, wird umkränzt von gelbblühendem Brandkraut und Rosmarin. Inmitten von Katzenminze ('Six Hills Giant') und flankiert von Rosen und Klematis an Rankbögen, ist er ein Blickfang im oberen Garten.*

Gegenüberliegende Seite *Ein neuer Teil im äußeren Garten. Langfristig sollen ihn weiße Rugosa-Rosen füllen, jetzt stehen hier rote Melde, Schlafmohn, Kapuzinerkresse und rote Dahlien. Im Hintergrund sieht man die Hochbeete. Buchenhecken werden bald die Gartenzimmer einschließen.*

Unten *Auf der Höhe der mittleren Treppe weht zartes Federgras über der Katzenminze. Im Herbst, wenn die Blumen verblüht sind, leuchten Gräser noch lange in der niedrigen Sonne.*

Unten rechts *In den Töpfen auf einem kleinen Pflasterplatz im oberen Garten blühen Salvien, rankende* Convolvulus sabatius *und Eisenkraut. Ich wechsle jedes Jahr die Bepflanzung, aber da die meisten Blumen unterhalb der Mauer blau sind, benutze ich diese Töpfe vornehmlich für meine vielen aus Samen oder Stecklingen gezogenen Salvien.*

sollte auch in die formale Grundstruktur passen.

Das bedeutete die Beibehaltung der Kreuzwege und Blickachsen, horizontale Betonungen und Farb- und Formwiederholungen.

Der Boden mußte für die silberblättrigen, sich aussamenden Pflanzen noch durchlässiger gemacht werden. Im übrigen Garten pflanzte ich Gewächse, die sich den Gegebenheiten anpassen, aber hier schuf ich eine künstliche Situation für die gewünschten Pflanzen. Eine Drainage wurde gelegt, neuer Oberboden und Kies eingearbeitet; wir benutzten den Kies auch als Mulchschicht. Die Beete sind eigentlich zu großen Containern geworden, während die Wege, kaum von den Beeten zu unterscheiden, eine 3 Zentimeter hohe Mutterbodenschicht unter dem Kies haben, um die Verbreitung der Selbstaussaat zu fördern.

Weiche Blattformen rahmen die Wege, während Königskerzen, Disteln (*Onopordum* und *Galactites tomentosa*) sowie Salvien (*S.* 'Indigo spires', *S. patens*, zweijährige *S. sclarea* var. *turkestanica*) für Höhe sorgen. In dichten Gruppen stehen Tabakpflanzen (*Nicotiana glauca*, *N. langsdorffii*, *N. rustica*, *N. sylvestris*) und Perovskien (*P. atriplicifolia*). 1996 wurden Cerinthen aus Griechenland (hauptsächlich *C. major* 'Purpurascens') zum Blickfang. Salvien, Reiherschnabel und Mohnsorten säen sich selbst aus und müssen jedes Frühjahr kontrolliert werden. Die Eibensäulen, Hochstamm-Ölweiden sowie andere Sträucher, wie Fächer- und Schlangenhautahorn ('Senkaki' und 'Erythrocladum') mit rosa Rinde, ein Trompetenbaum, Baumastern und Falscher Jasmin sind das ganze Jahr über reizvoll.

Im Osten des Kiesgartens erstrecken sich zwei parallele Beete unterhalb der Süd-Ost-

Mauer. Sie verbinden optisch den Kirchturm mit meinem Schlafzimmerfenster. Hier wachsen gelbblättrige Pflanzen, aber langfristig werden Hartriegel und Funkien überwiegen. Eine Sammlung von Wolfsmilchgewächsen, Färberwaid und sich aussäende *Smyrnium perfoliatum*, alle mit gelben Blüten, haben durch die wuchernde Geißraute (*Galega orientalis*) aus dem Kaukasus ein bißchen Blau dazubekommen.

Der als Obstgarten geplante äußere Teil ist dekorativ gestaltet worden. Eiben, Maulbeeren (*Morus nigra*) und Zieräpfel (*Malus hupehensis*) wachsen auf einer Wiese mit Frühlingszwiebeln. Sie flankieren einen kurzgeschnittenen Rasenweg, der zu einem (leeren) *lemonaiao* – einem großen Kübel für Zitruspflanzen – hinführt. Diese Alleen und eine äußere Buchenhecke bilden ein fast quadratisches, mittig ausgerichtetes Areal, wie der ummauerte Garten. Hinter der Hecke sind weitere Räume, die mit dem Anwachsen der Buchen nicht mehr vom Haus aus zu sehen sein werden. Auf beiden Seiten wächst in Hochbeeten Gemüse, und Drahtkäfige für Kompost sind im Sommer von blauen Wicken umhüllt. Ein kleiner, geheimer Garten, den man von einem Sitzplatz unter einer schattenspendenden Platane überschaut, ist bepflanzt mit weißen Rugosa-Rosen, roten Dahlien und nach Schokolade duftenden Cosmos.

Viele der neuen Bäume, Sträucher und Kletterpflanzen leuchten im Herbst in Rot, Gold und Gelb. Im inneren Garten wird dies durch spätblühende Fackellilien und Eisenhut verstärkt, im äußeren Garten durch scharlachrote Dahlien und glänzende Hagebutten. Im Oktober scheinen die Maulbeerbäume auf der Wiese in einem fast transparenten Gelb. Während des Sommers bilden das überwiegende Grün und Gold der Wiese, das Braun, Gelbbraun, Grün und Gold der Felder und Hügel im Hintergrund, im Gegensatz zu der üppigen Farbigkeit des Gartens, einen willkommenen Ausgleich. Hier genieße ich die Abendsonne. In Bettiscombe habe ich einen Entwurf für mich realisiert, der klare Strukturen hat und Raum für meine eigentliche Passion, die Pflanzen, läßt. Ich glaube, daß man klassische Prinzipien mit Sammelleidenschaft verbinden kann.

Unten *Hier soll der neue Garten entstehen: auf einer großen Wiese mit ein paar Eiben, einer alten Tennislaube und zwei Rabatten. Dahinter liegen das Schloß und das Meer.*

Entwurf für einen königlichen Garten

Oben *Ihre Majestät entschied sich anstelle der Tennislaube für diese Steinloggia aus dem Entwurf von Sir Anthony Denny.*

Im Oktober 1995 wurden wir von English Heritage (einer Denkmalschutzorganisation, d. Ü.) aufgefordert, an einem Wettbewerb anläßlich der Neugestaltung der Anlage von Walmer Castle in Kent teilzunehmen. Walmer Castle, das jetzt von English Heritage verwaltet wird, ist Sitz des Oberhaupts der „Cinque Ports"; seit 1978 ist dies Ihre Majestät Königin Elizabeth, die Königinmutter. Ihr 95. Geburtstag und ihre Amtszeit als Lord Warden der „Cinque Ports" sollte mit der Neugestaltung des Gartens gewürdigt werden. Wir fühlten uns sehr geehrt und nahmen diese Herausforderung gerne an.

„Cinque Ports" („Fünf Häfen", d. Ü.) – ursprünglich Sandwich, Dover, Hastings, Hythe und Romney, später wurden es mehr – ist ein uraltes Bündnis, das vor den Zeiten der Royal Navy das Herrscherhaus mit Schiffen belieferte und dafür gewisse Rechte und Freiheiten erhielt. Die Vergabe des Titels Lord Warden, Oberhaupt der „Cinque Ports", liegt bei dem regierenden König bzw. der Königin und ist traditionell eine Auszeichnung für politische oder militärische Erfolge gewesen: Frühere Inhaber dieses Titels waren unter anderem Pitt der Jüngere, der Herzog von Wellington (er starb in Walmer Castle) und Sir Winston Churchill. Die Königinmutter ist die erste Frau in dieser Reihe. Der Lord Warden war gleichzeitig aber auch Präsident von Dover Castle, und Walmer wurde erst unter der Führung des Herzogs von Dorset im frühen 18. Jahrhundert sein offizieller Sitz.

Heinrich VIII. baute Walmer Castle 1539 als eine von etlichen Wehranlagen an der Kanalküste. Zu dieser Zeit war der traditionelle Burgenbau von der fortgeschrittenen militärischen Technologie überholt worden. Walmer und die Schwestern-Schlösser Deal und Sandown waren als Kanonenabwehr gebaut worden; es gab keine geraden Linien, nur Kurven, die jede Kugel ablenken sollten. Der Grundriß, eine Tudorrosette, ist keine Extravaganz, sondern ein Beispiel für den Grundsatz: Der Zweck bestimmt die Form.

Über die Jahrhunderte haben verschiedene Lord Wardens ihre Spuren in den Gärten hinterlassen. Lady Hester Stanhope, William Pitts Nichte, war an dem ursprünglichen Entwurf, wie er jetzt ist, beteiligt. Graf Granville (Lord Warden 1865–91) schuf die doppelte Eibenhecke und große Rabatten entlang dem Kiesweg, der zum westlichen Teil des Schlosses führt. Graf Beauchamp baute Anfang des 20. Jahrhunderts einige Tennisplätze.

Der neu zu gestaltende Garten lag südlich des Schlosses, umgeben von hohen Backsteinmauern, an zwei Seiten begleitet von großen Platanen. Zwei Jahrhunderte lang waren hier nacheinander ein Küchengarten, ein Rosengarten, ein Tennisplatz

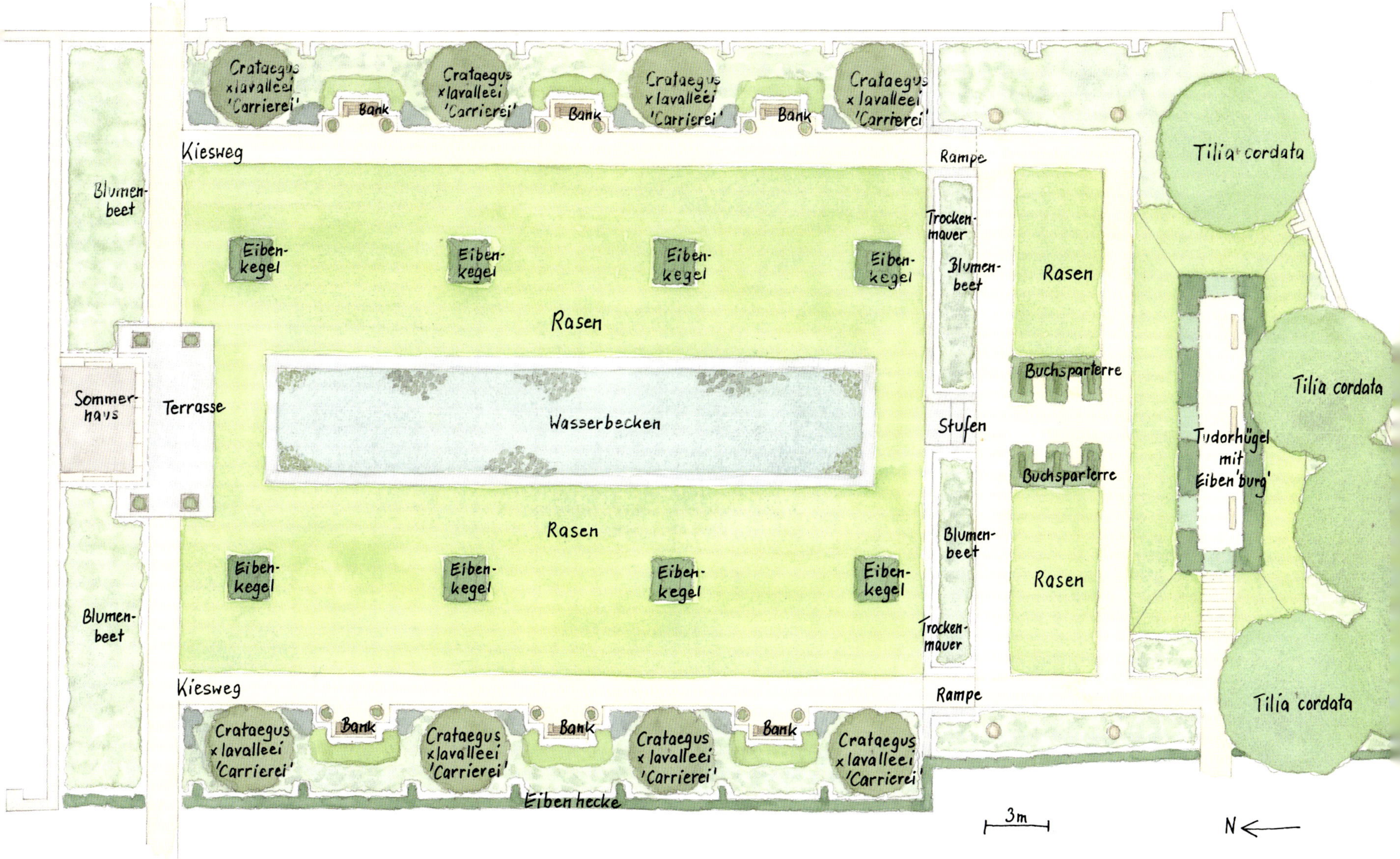

Aufriß der Mitte des Gartens

und eine Obstwiese, aber als ich dorthin kam, gab es lediglich eine Wiese mit einer edwardianischen Tennislaube und ein paar Eiben. Die Vorgaben von English Heritage waren klar: Die gesamte Fläche von 3000 Quadratmetern sollte überplant, der vorhandene Höhenunterschied aufgenommen, der Blick auf das Schloß verbessert und die benachbarten Gebäude sollten verdeckt werden. Außerdem sollte bei den Pflanzen das milde Klima volle Berücksichtigung finden. Bis zu drei ganze Tage in der Woche konnte eine gärtnerische Pflege gewährleistet werden; das Budget war nicht üppig, aber ausreichend.

Wir waren uns über die Bedeutung der Aufgabe im klaren: es war nicht nur eine historisch bedeutende Anlage, der Garten mußte wirklich königlich werden.

Als wir in der Tennislaube saßen und auf die von der Oktobersonne beleuchtete, leere grüne Fläche schauten, überlegten wir, was Ihre Majestät wohl am liebsten hier sehen würde. Zum Beispiel Schwalben, die in niedrigem Flug übers Wasser gleiten: Ein 30 Meter langer, zentraler Kanal würde dem Garten eine klare Linie geben. Der vom französischen Barock beeinflußte Garten ihrer Kindheit, St. Paul's Walden Bury, veranlaßte uns zu formalen Strukturen auf beiden Seiten des Kanals. Vier Eibenpyramiden auf dem Rasen sollten von kugelköpfigen Bäumen (wir nahmen eine Weißdornzüchtung wegen des glänzenden Laubs und der Früchte im Herbst) begleitet und mit einer einfachen Unterpflanzung aus Immergrün (*Vinca difformis*), weißen Türkenbundlilien (*Lilium martagon* 'Album') und Märzenbechern versehen werden. Die Tennislaube mußte durch etwas Eleganteres ersetzt werden.

Den Blick auf die Nachbargebäude zu verdecken, war ein Problem. Wir planten, den Aushub für den Kanal in Tudor-Manier bergartig aufzuschütten und darauf eine kulissenhafte Burg aus 4 Meter hohen geschnittenen Eiben zu errichten, von wo aus man einen schönen Blick zurück über den Garten zum Schloß hätte. Am Fuß sollten zwei Formschnitt-„E"s dem Ganzen etwas Halt geben und die historische Anleh-

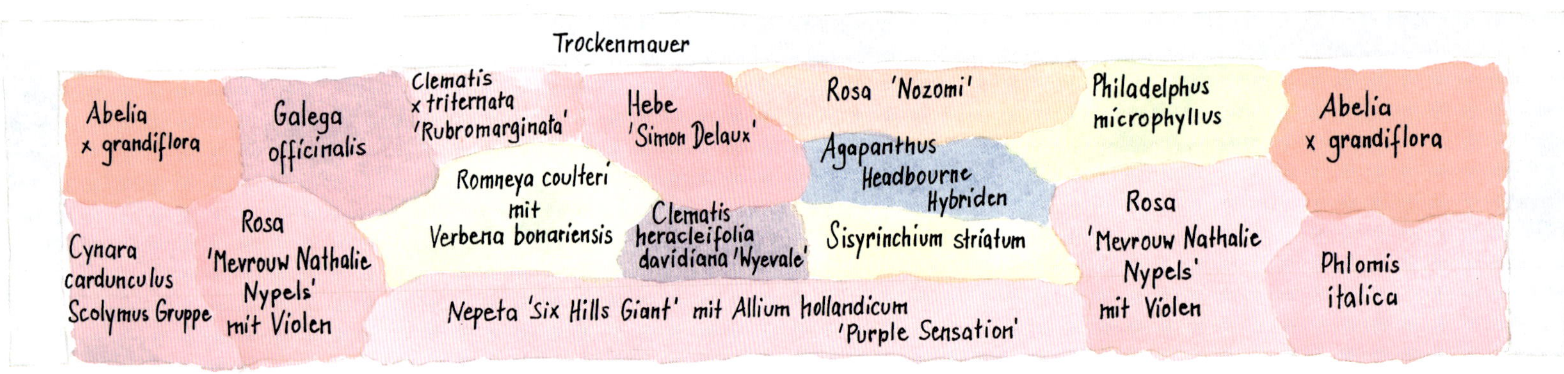

Beete über der Trockenmauer

nung deutlich machen. Weiterer Sichtschutz sollte durch die Ergänzung einer vorhandenen Lindenallee erreicht werden.

Nachdem die Grundzüge feststanden, wandten wir uns den Details zu. Traditionelle Baumaterialien sollten verwendet werden, wie zum Beispiel Kies, Flintstein und rote Klinker. Aber für die Terrassen, Mauerkronen und den Rand des Wasserbeckens nahmen wir Caithness-Stein aus Sutherland. Steine aus Schottland nach Kent zu schaffen, mag seltsam anmuten, aber ein anderes Schloß Ihrer Majestät, May Castle – unter ihrer Leitung wundervoll restauriert –, liegt an der Nordspitze von Sutherland. Steine von dort würden in Walmer Assoziationen schaffen.

Pflanzkübel aus Blei mit dem Wappen Ihrer Majestät und dem der „Cinque Ports“ sollten für die Sommerhausterrasse hergestellt werden.

Der Garten soll das ganze Jahr geöffnet sein, aber sein Höhepunkt ist für den Juli geplant, wenn die Königinmutter in Walmer weilt. Wir entwarfen vier Rabatten – zwei zu beiden Seiten des Sommerhauses und zwei schmalere unterhalb des Geländebruchs. Sie wurden mit zarten Sträuchern und Stauden gefüllt. Rosen, von Ihrer Majestät sehr geliebt, sollten sich mit Falschem Jasmin, Königslilien und Klematis mischen, während Kalifornischer Mohn (*Romneya coulteri*), *Melianthus major* und Salvien jahreszeitliche Akzente setzten.

Wir reichten unsere Pläne im Dezember 1995 ein, und im Frühjahr bekamen wir die gute Nachricht von English Heritage, daß wir den Zuschlag bekommen hatten. Während der Wintersaison 1996 haben Gartenbauunternehmen hart an der Verwirklichung unseres Entwurfs gearbeitet. Der Kanal wurde gegraben, Wege wurden angelegt, Eiben zu Pyramiden und zu einem Schloß geschnitten, Buchsbäume in Form von „E“s trainiert und im ganzen Land bei Baumschulen die Pflanzen zusammengetragen. Mittlerweile ist der Garten fertig und Walmer Castle ein öffentliches Geschenk für die vielgeliebte Königinmutter.

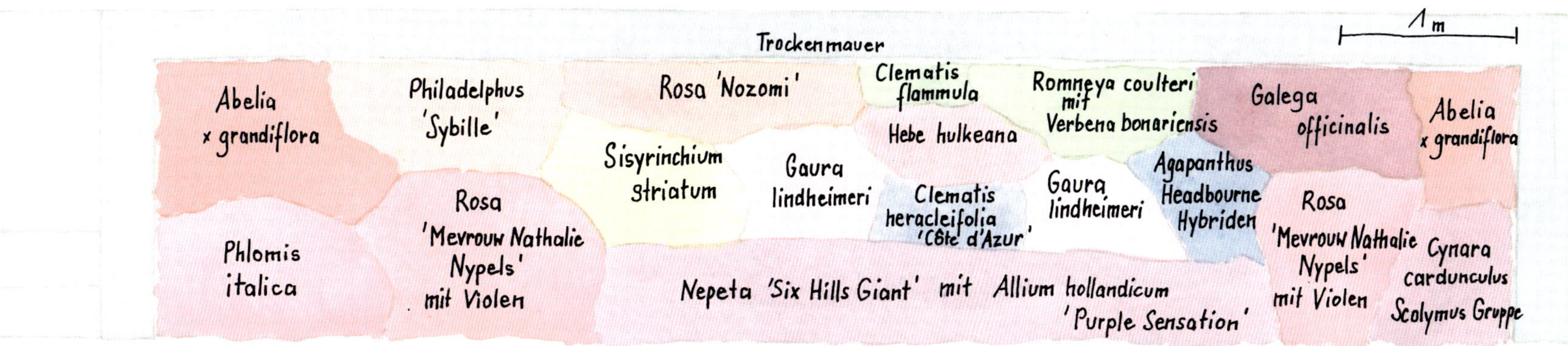

Register

Kursiv gedruckte Seitenzahlen verweisen auf Abbildungen oder die Beschriftung von Plänen.
Bei den deutschen Pflanzennamen sind alle Seiten angegeben, auf denen die Pflanze mit ihrem deutschen oder lateinischen Namen aufgeführt ist. Siehe auch die lateinische Bezeichnung in Klammern.

Klimazonen
Ungefähre Einteilung der durchschnittlichen Jahresmindesttemperaturen

°Celsius	Zone
unter -45	1
-45 bis -40	2
-40 bis -34	3
-34 bis -29	4
-29 bis -23	5
-23 bis -18	6
-18 bis -12	7
-12 bis -7	8
-7 bis -1	9
-1 bis 4	10
über 4	11

Die Einteilung in Klimazonen weist auf die ungefähre Mindesttemperatur hin, die von den Pflanzen im Winter vertragen wird. Dies ist jedoch eine grobe Richtlinie. Die Kälteverträglichkeit hängt von vielen Faktoren ab, wie Wurzeltiefe, Feuchtigkeit, Frostdauer, Windstärke, Dauer und Hitze des vorangegangenen Sommers. Diese Einteilung basiert auf einer Empfehlung des Landwirtschaftsministeriums der Vereinigten Staaten.

Danksagung
Frances Lincoln Limited dankt allen Gartenbesitzern, von denen einige nicht genannt werden möchten, für die Erlaubnis, ihre Gärten vorzustellen:
English Heritage (die Seiten 158–61 sind mit freundlicher Genehmigung der English Heritage abgedruckt worden), Susannah und Nicholas Horton-Fawkes, Gillian Lynne und Peter Land, Hilary und Donald Macpherson, Simona und Vittorio Marzotto, Botanischer Garten New York, Richard O'Connell, Lord und Lady Pilkington, Julie und Stephen Riley, Jil Sander, Gabrielle und Alex Sheshunoff, Baron Sweerts de Landas Wyborgh sowie Herrn und Frau Taubman.

UNTEN *In dem geschützten, von Mauern umschlossenen Garten in Bettiscombe, Dorset, ist die Terrasse ein einladender Sitzplatz. Sowohl die blaublütige* Alyogyne huegelii *'Santa Cruz' als auch die bronzefarbene Schopflilie (*Eucomis *'Zeal Bronze') müssen im Gewächshaus überwintern.*

Fotos:
o: oben, M: Mitte, u: unten, r: rechts, l: links

Mick Hales: 73–76, 79–80
Jerry Harpur: 2/3, 9, 13–17, 44–51, 66–68 o, 69 o, 70–71
Cary Hazlegrove: 77 o
Penelope Hobhouse: 41 o, 68 u, 69 u
Andrew Lawson: Titelabbildung, 1, 4–7, 10–12, 18–37 o, 38–39, 41 u–43, 52–65, 77 M, 77 u, 82–99, 118–132, 137 u, 147 or, 147 ol, 148–157, 168, Schutzumschlag hinten oben und unten rechts
Tony Lord: 37 M, 37 u
Robert Polidori: 81
Vivian Russell: 100–108 o, 109–111, 134–137 o, Schutzumschlag hinten unten links
Erika Shank: 108 u, 112–116, 138–143
Piers Simon: 144, 147 u
Steven Wooster: 158 o (mit freundlicher Genehmigung der English Heritage)